소나무 향기 아래
어린 잣나무는 자라고

소나무 향기 아래
어린 잣나무는 자라고

박용구 지음

만인사

| 머리말 |

배우며 실천하는 삶

　나무와 숲과 같이 살아온 지 60년이 가까이 되었다. 60년대 대학교에서 숲과 나무에 대해서 배웠고, 70년대 임목육종연구소에서 나무 품종육성 연구를 하며 지냈다. 80년부터 2010년까지 30년간 긴 세월을 대학에서 학생들과 같이 나무와 숲에 대한 이야기를 주고받으며 즐겁고 행복한 인생을 보냈다. 현직에서 나오면서 『上善若水』라는 이름으로 그때까지 살아온 일들을 정리하여 정년퇴임집을 내놓았다.

　정년을 하고 동양고전연구회에서 이장우 교수와 신재환 박사에게 唐詩를 배워 온 지도 어느새 10년이 다 되었으며, 또한 같은 연구회에서 '숲과문화'에 대한 강의를 시작한지 7년이 넘었으니 수강생들과 매달 한 번씩 산행한 횟수도 70회에 이르고 있다. 그러고 보니 대학에 있을 때와 마찬가지로 정년 뒤에도 여전히 행복한 나날을 보내고 있는 셈이다.

　나의 서재에는 서예작품이 한 폭 걸려 있다. 중국의 서진시대 육기(陸機)의 『歎逝賦』에 '松茂栢悅 芝焚蕙嘆'이란 시구에서 '松茂栢悅'을 빌어 왔다. 소나무가 무성하면 잣나무가 즐거워하고 지초가 타면 혜초가 한탄한다는 데서 비롯된 사자성어이다.

내가 이 말을 좋아하게 된 것은 숲의 생태적 특징을 잘 표현한 말이기 때문이다. 나무의 종류에 따라 그늘을 좋아하는 음수와 햇볕을 좋아하는 양수가 따로 있다. 잣나무는 어릴 때는 소나무 그늘 아래에서도 햇볕에 구애받지 않고 잘 자라다가 나이가 많아지면 양수로 바뀌는 특성을 가지고 있다.

숲속의 나무들은 때로는 서로 경쟁하기도 하지만 이 소나무와 잣나무와 같이 서로 도우면서 살아가는 자연섭리를 갖고 있는 오묘한 생명집단이다. 숲속을 자세히 들여다 보면 우리들은 그 곳에서 많은 위안을 받게 되며 이러한 숲이 가지고 있는 한량없는 생명의 진리를 배워 보다 풍요로운 삶을 살아 갈 수 있다.

그간 대학에서 정년을 하고 여기 저기 실었던 글들을 모아 한 권의 책으로 묶게 되었다. 숲과 나무에 관한 것들이며 평소에 숲속의 자연에서 우리가 배울 수 있는 것들을 무엇인지 살피고 찾았던 글들이다.

책이름은 '松茂栢悅'을 다시 풀어내어 『소나무 향기 아래 어린 잣나무는 자라고』로 정했다. 어쩌다 보니 이제 우리들이 가장 앞에 서 있는 나이대가 되었다. 그래도 지나간 과거에 파묻히지 않고 내 안과 밖에서 새로운 무언가를 찾아내고, 그것들이 우리가 살아가고 있는 사회에 조금이나마 보탬이 되었으면 하는 바람이다. 그런 마음으로 오늘 하루도 쉬지 않고 '배우며 실천하는 삶'을 살아가고자 염원한다.

끝으로 이 책이 나오기까지 여러분들의 수고로움이 있었다. 그 중에서도 김원중 선생님, 만인사 박진형 시인에게도 고마움을 전한다.

차례

| 머리말 |
배우며 실천하는 삶 · 4

1. 조사당에 선비화 피거던

매화 즐기는 법 · 11
염불암 가는 길 · 16
선암사로 가거던 · 22
버드나무에 대한 한 생각 · 29
북벽향림 · 37
묘골 육신사 이야기 · 42
조사당 선비화를 찾아서 · 50
홍류동 올레길 · 56

2. 스무동이 어딘고 하니

성암산에 오르다 · 63
아까시나무의 부활을 꿈꾸며 · 68
칠보산 송무백열 · 75
궁산을 오르다 · 81
대프리카와 팔공폭포 · 85
가을산 초례봉 · 90
스무동이 어디인고 · 96

차 례

청남대의 야촌단풍 · 103
유학산 산행기 · 107

3. 세한의 풍경 속으로

다산의 첫 유배지 · 117
다산초당 가는 길 · 127
수종사와 다산의 탄생지 · 134
추사의 「세한도」 · 142
의재 허백련 · 147
한국의 차문화 · 152
가훈에 대하여 · 162
수목장의 효시 · 166
새로운 삶을 시작하면서 · 170
Y대 신입생과 대화 · 176

4. 사마천을 따라 걷다

대묘 앞에 서 있는 측백나무 · 193
육유의 사랑가 「채두봉」 · 201
사마천 사당을 가다 · 209
양주 유적지를 찾아서 · 218

1

조사당에 선비화 피거던

매화 즐기는 법

입춘이 지나면 남쪽에서는 이미 매화가 피었다는 소식이 들려온다. 옛날부터 선비들은 설중군자(雪中君子)라 하여 매화를 가까이 했으며, 이아(二雅 : 매화, 대나무), 삼청(三淸 : 매화, 대나무, 돌), 사군자(매화, 난, 국화, 대나무), 오우(五友 : 매화, 대나무, 난초, 국화, 연꽃)라고 칭송해 온 것 가운데 매화는 항상 빠지지 않고 으뜸으로 쳐왔다.

매화는 감상하는 시기에 따라 달라진다. 심매(審梅), 또는 탐매(探梅)라 하는 것은 이른 봄 눈 속에 피어나는 매화를 보는 것으로 아직 벌어지지 않은 꽃봉오리를 보고 즐기는 것이다. 관매(觀梅), 상매(賞梅), 방매(訪梅)라 하는 것은 3월에서 4월에 걸쳐 매화가 만개했을 때 즐기는 것이다. 일반적으로 초심자들은 만개한 매화를 보기를 좋아 하지만, 전문가들은 심매(審梅)에 빠지는 경우가 더 많다. 아직 피지도 않은 매화를 즐기기 위해 열일을 제치고 찾아 떠나는 심매 '마니아'들 때문에 매화과부가 생긴다고도 한다.

매화나무는 굵고 껍질이 트고, 구불구불 틀어져서 고태가 나는 것은 아름다우며, 나뭇가지가 조밀한 것보다는 듬성듬성 떨어져 있는 것이 운치가 있다. 매화는 첫째 색을 보는 것(知色), 둘째 모양을 보는 것(知形), 셋째 향을 맡는 것(知香)을 으뜸으로 친다.

- 가지가 드문 것이 귀하고 무성한 것은 귀하지 않다(貴稀不貴繁).
- 나무가 늙은 것은 귀하고, 어린 것은 귀하지 않다(貴老不貴嫩).
- 나무가 바짝 마른 것은 귀하고 살찐 것은 귀하지 않다(貴瘦不貴肥).
- 다소곳이 오므린 것은 귀하고, 활짝 핀 것은 덜 귀하다(貴含不貴開).

매화는 시인 묵객에게 다양한 소재가 되어 수 없이 많은 시와 그림이 전해지고 있다. 그중에서도 매처학자(梅妻鶴子)라 불린 항주 서호 변에 살았던 송나라 때 임포의 「梅花」는 유명하다.

疏影橫斜水淸淺
暗香浮動月黃昏

성근 그림자 맑고 얕은 연못물에 비스듬히 비치고
그윽한 향기 달 뜬 황혼녘에 아련히 피어오르네.

소영암향(疏影暗香)이 매화를 대표하는 시어가 되었다.

조선시대 남달리 매화를 사랑했던 퇴계는 100여 편이 넘는 매화시를 남겼다. 퇴계와 두향의 순결하고도 아름다운 사랑이야기를 일부 학자들은 소설가들이 지어낸 논픽션이라고 하지만 그의 매화 시에서 두향의 깊은 속뜻을 찾으려는 사람들도 있다.

黃卷中間對聖賢

虛明一室坐超然
梅窓又見春消息
莫向瑤琴嘆絶絃

옛 책을 펴서 읽어 성현을 마주하고
빈 방안에 불을 켜고 초연히 앉아 있노라.
매화 핀 창가에 다시금 봄소식 보면서
거문고 줄 끊어졌다 탄식하지 않으리.

또한 조선 3대 시인 중에 한 사람인 상촌 신흠의 시는 나무를 공부하는 우리들에게 깊은 감명을 전해주는데 의인화를 한 매화는 잡티가 나지 않는 정절을 지키는 고매한 여인처럼 느껴진다.

桐千年老恒藏曲
梅一生寒不賣香
月到千虧餘本質
柳經百別又新枝

오동은 천년이 되어도 항상 곡조를 간직하고 있고
매화는 일생 동안 춥게 살아도 향기를 팔지 않네.
달은 천 번을 이지러져도 그 본질이 남아 있고
버드나무는 백번 꺾여도 새 가지가 올라온다.

매화는 시뿐만 아니라 그림으로도 많이 전해지고 있으며 조선시대 김명국(金明國)의 탐매도(探梅圖), 조속(趙涑)의 매작도(梅鵲圖), 조희룡(趙熙龍)의 매화서옥도(梅花書屋圖), 김수철(金秀哲)의 석매도(石梅圖), 최북(崔北)의 매화쌍치도(梅花雙稚圖) 등이 유명하다.

매화 그림하면 최고로 꼽히는 조희룡은 요절한 천재 화가 전기(田琦)의 매화초옥도(梅花草屋圖)를 극찬했다고 한다. 이 그림에 "亦

▲ 전기, 「매화초옥도」, 29.4 x 33.3cm, 중앙미술관 소장

梅仁兄 草屋笛中"라 적혀 있으니 친구인 역매(亦梅) 오경석(吳慶錫)을 위한 그림이다. 집안에 앉아 피리를 부는 사람은 오경석이고 붉은 옷을 차려 입고 나선 사람은 바로 전기 자신이다. 하얀 눈이 덮인 산 그 가운데 눈송이처럼 그려진 매화 꽃무리, 온통 천지에 봄소식이 가득한데 피리를 부는 사람과 거문고를 메고 가는 두 사람, 지음(知音)의 경지를 보여주고 있는 것 같다.

우리나라 새봄 꽃구경은 꼭 매화만 있는 것은 아니다. 화전놀이를 하는 진달래도 있고, 동요에 나오는 복숭아꽃과 살구꽃도 있다. 그러나 최근에는 벚꽃이 꽃구경에 대세가 되고 있다. 일기예보부터 벚꽃 피는 개화선(開花線)을 그어 자상하게도 알려주고 있다. 이전에 우리 선조들에게는 꽃구경에 벚꽃은 없었다. 해방이 되고 보문단지, 진해 해군기지 등에 심어진 벚꽃이 유명해지면서 전국 곳곳에 가로수 길을 만들어 놓은 다음부터 벚꽃은 일본 열도를 지나 한반도에까지 개화곡선을 만들어 온 국민을 벚꽃 구경으로 이끌어 내고 있는 것처럼 보이게 되었다.

꽃이야 무슨 죄가 있을까마는 꽃에는 사람들이 만들어 붙여놓은 표징을 달고 있다. 벚꽃하면 일본을 생각하게 되고, 일본하면 '사꾸라' '사무라이 정신'을 연상케 하는 것은 우연이 아니다. 일본은 1868년 명치유신을 시작하기 이전부터 세계 각국에 있는 공원 안에 일본식 정원을 만들어 주고 그 곳에는 반드시 벚나무를 심어 놓았다. 그리하여 벚꽃은 일본, 일본인을 상징하는 꽃으로 세계인을 학습시켜 놓았던 것이다.

일제 강점기 남궁억 선생의 무궁화 선양운동을 억압하기 위해 옥살이를 시키고 무궁화꽃을 심지 못하도록 핍박했던 것도 무궁화를 보게 되면 독립정신이 함양된다는 것을 그들은 알고 있었기 때문이다. 아름답다고 보고 즐긴다고 그냥 끝나는 것이 아니라 그 다음에 무엇이 남는지를 생각한다면 벚꽃은 결코 우리가 앞장서서 심고 가꾸는 단순한 화목이 아님을 알게 된다. 일본 열도에서 시작하여 휴전선 근처까지 이어지는 벚꽃 개화선을 따라 벚꽃 관광길이 일본사람들에게 인기가 높은 상품이라고 한다. 그들은 우리나라 벚꽃길을 걸으면서 무엇을 생각하게 될까? 혹시 '아— 옛날이여!' 할는지? 최근에 왕벚나무의 원산지가 제주도라고 밝혀졌다며 기념식수를 했다고 자랑스러워하고 있는 사람들이 있다. 어느 대통령의 일갈 "부끄러워 할 줄 알아야 한다."라는 말이 다시 가슴을 울린다.

염불암 가는 길

　3월의 산은 새로운 호흡을 시작한다. 눈에 보이지 않는 나무들의 숨소리가 온몸으로 느껴진다. 산 아래 마을 어귀에는 이른 봄꽃들이 피어나 있지만 산자락을 타고 안쪽으로 약간만 몸을 옮기면 아직도 작년 겨울 모습 그대로인 나무들이 맨몸으로 다가선다. 그래 아직도 겨울인 것 아냐? 하고 느끼지만 그러나 이미 그들의 몸속에는 힘찬 생명의 고동이 요동치고 있음을 마음의 눈으로 볼 수가 있다. 대지와 하늘이 소통하는 생명의 '소리 없는 아우성'이 소나무와 낙엽송, 그리고 잣나무, 물푸레나무와 서어나무의 숲속에서 지축을 울리며 퍼지고 있으니 듣는 이의 가슴이 벅차다.

　대한불교 조계종 제9교구 본사인 동화사의 부속암자 염불암은 경순왕 2년(928)에 영조선사가 창건하였다.
　염불암 가는 길은 팔공산 집단시설에서 오솔길로 들어서면서부터 시작된다. 조금 오르막길을 따라 가다보면 양쪽에 단풍나무, 그리고 플라타너스가 줄지어 서 있고 군데군데 육중한 체구를 가진 느티가 자리잡고 있다. 팔공 케이블카 능선으로 오르는 길은 경사가 있어서

깔딱고개라는 이름이 붙어 있다. '숨이 찬다'는 뜻을 가진 고개이다. 마대 끈으로 만든 미끄럼 방지 시설을 해놓은 산길을 따라 한참 올라가면 고개 마루다. 여기서부터 능선길을 버리고 오른쪽 계곡으로 내려가다 보면 하늘을 찌를 것같이 잘 자란 소나무 숲을 만난다.

 소나무를 우리나라 국목(國木)이라고 부른다. 우리나라 60퍼센트가 넘는 땅을 산이 차지하고 있고, 그중 200만 정보가 소나무로 덮여 있어 예부터 우리 민족은 소나무와 떨어져 살 수 없었다. 대궐과 같이 큰 집도 짓고 초가삼간도 소나무로 지었다. 추운 겨울 온돌을 따뜻하게 하는 것도 그리고 밥을 짓고 국을 끓이는 나무도 대부분 소나무를 이용하며 지내왔기 때문이다.

 최근에는 세상이 많이 달라져 2016년 현재 전 국민의 60% 이상이 건강에 좋지 않다는 시멘트로 지은 아파트에 살며 난방은 비싼 돈을 주고 먼 나라에서 배에 실어 온 천연가스를 사용하니 소나무의 이용이 별로라고 할지 모른다. 그러나 우리 생활에 직접적으로 사용하는 소나무양이 줄었다고 하여 국목의 자리를 내놓을 것 같지 않다.

 몸에 좋다는 숲에서 발생하는 피톤치드가 연인원 6천만 명 이상의 사람들을 매년 산으로 끌어오고 있는데 이는 우리 산을 아늑하게 덮어 보호해 주고 있는 소나무가 있기 때문에 가능한 일이다.

 그러나 이러한 소나무도 최근에는 건강이 몹시 나빠지고 있다. 광복이 된 후 5~60년대 민둥산에 겨우 생명을 유지하고 있던 소나무에 송충이 피해가 극심하다가 7~80년대 소나무혹파리가 기승을 부리더니 90년대부터 소나무 재선충이 파도처럼 밀려와 많은 소나무가 피해를 받아 죽고 있기 때문이다. 산림당국에서 재선충 방제를 위해 혼신의 노력을 경주하고 있으나 소나무 숲을 건강하게 보호하기가 매우 어려워 보이니 걱정이 된다. 뿐만 아니라 봄철에 빈번하게 발생하는 산불 또한 큰 위험 요소가 되고 있다. 이러한 위험에 있는 국목인 소나무를 지켜내는 일이 오늘을 살고 있는 우리 국민들의 소임일 것이다.

　소나무 숲을 지나면 키가 2~30m가 되는 낙엽송이 군데군데 나타나고 그 아래쪽에는 졸참, 굴참, 아직 키가 작은 서나무와 관목인 감태나무가 무리지어 나타나기 시작한다. 이러한 곳이 바로 삼림층화를 한 눈으로 쉽게 볼 수 있는 곳이다. 동식물을 막론하고 집단을 이루고 살아가는 데는 나름대로의 자연법칙에 따라 순응하면서 적응해 나가야한다.
　산속에 살고 있는 여러 식물은 각자의 특성에 맞는 곳에서 자손을 이어가면서 살아가는데 햇볕을 좋아하는 양수는 제일 위쪽에 그리고 어려서는 음지에서도 살 수 있는 참나무류 계통이나 잣나무들은 나무 아래 중간층에서 살아가고 그 아래에는 더 작은 관목들과 그리고 그 아래에는 이끼류들이 살아간다. 이러한 생태형을 삼림층화라 부른다. 우리나라와 같은 온대지방 삼림은 끊이지 않고 천이가 진행되어 소나무는 참나무류로 그리고 참나무류는 다시 서나무림으로 변하게 되며 천이과정 마지막에 남는 수종인 서나무가 온대지방에 속하는 우리나라 숲의 극상(極相)을 이루게 된다.
　자연 상태에서 안정된 생태계가 잘못된 방법으로 산을 다루어 파괴가 되면 자연환경은 치명적인 손상을 입게 되며 복구하는데 오랜 시간이 걸리기 때문에 숲 속에서 작업을 할 때는 언제나 적절한 작업 방법을 선택해야만 한다.

　오른쪽으로 거의 평지 같은 길을 한참을 오르다 보면 꽤 큰 계곡에 이르고 그 곳에선 엊그제 온 비 덕분에 산골짜기에 물소리가 가

염불암 전경 ▲

득하다. 이러한 곳이 삼림욕하기 좋은 코스이다. 흐르는 물에서 나온 음이온이 숲에서 나오는 피톤치드와 상호작용을 하여 산림욕 효과를 높여 주기 때문이다. 길가에 키가 매우 크고 가슴높이 둘레가 150cm에 가까운 낙엽송들이 서 있다. 일본 낙엽송이다. 심은 지 4~50년이 넘어 보인다. 이렇게 잘 자란 것은 이 지역이 낙엽송 자라기에 좋은 곳이라는 뜻이다.

다시 말하면 적지적수(適地適樹)를 했다는 말이다. 어떤 산이고 그 곳에 알맞은 나무를 심어야 한다는 조림의 대원칙이 적지적수이다. 얼마 전까지만 해도 낙엽송은 다른 나무보다 생장점이 극점을 향해 돌면서 자라는 성질이 크기 때문에 목재 건조를 잘하지 않으면 갈라지고 삐틀어져 주로 토목용재로 밖에 사용할 수 없었으나 이제는 이 나무의 휘는 성질을 교정하는 방법이 개발이 되어 건축용재뿐만 아니라 내장재로 이용할 수 있어서 그 사용범위가 넓어지게 되었다.

▲ 염불암 마애불

　계곡에서 올라서면 동화사에서 염불암까지 자동차가 다니는 시멘트 포장길로 접어든다. 2~30년 전만해도 동화사에서 산 능선을 따라 나무도 보고 숲도 보며 한 시간여 길을 걸으면 염불암에 올 수 있었는데 요즈음 자동차를 타고 오는 스님들을 보면 산길을 걷는 것도 호사에 속하는 일이 되고 만 것 같다.
　포장길을 따라 잠깐만 올라가면 양쪽 돌기둥에는 '입차문래(入此門來) 막존지해(莫存知解)'라는 글이 쓰여진 염불암 입구가 나온다. 통도사 불이문(不二門)에서도 보았던 글귀다. '이 문에 들어와서는 지혜를 버려라.' 즉 탐진치(貪瞋癡) 삼독심(三毒心)을 버리라고 한다.

　암자 입구의 막존지해(莫存知解)를 되새기면서 위로 올라 암자 마당에 들어서니 가운데 극락전, 오른쪽에는 요사채, 왼쪽에는 선방이 자리잡고 있다. 극락전 문 앞에는 보온 비닐이 거두어지지 않고 있는 것을 보니 동화사 부속암자 중 가장 높은 곳인 해발 900m 에 자리한 염불암은 3월인데도 여전히 추위가 기승을 부리고 있는 것 같다.

극락전 뒤 큰 바위에 새겨진 마애불을 보고 내려와 극락전 기둥에 쓰인 주련(柱聯) 글귀를 읽어 본다.

靑山疊疊彌陀窟
蒼海茫茫寂滅宮
物物拈來無罣礙
幾看松亭鶴頭紅

겹겹으로 푸른 산은 아미타불 법당이요
아득하게 넓은 바다 적멸보궁 도량이라.
세상사의 모든 것이 마음 따라 걸림이 없는데
송정에 앉은 붉은머리학을 몇 번이나 보았는가.

선암사로 가거던

언젠가 임교수님과 같이 조계산을 갔는데 "조계산은 살찐 산이야"라고 하여 왜 그런가 물었더니 토심이 깊고 물이 많아 나무가 잘 자라기 때문이라고 하셨다. 바로 선암사 뒤 능선을 따라 장군봉 쪽으로 가다보면 하늘로 곧게 뻗어 잘 자란 신갈나무숲을 만나 보면서 그 말뜻을 알 수 있었다.

조계산 동쪽에는 백제 아도화상이 창건하고 신라 도선국사가 중창하여 고려 대각국사가 중국에서 선종(禪宗)을 가져와 뿌리를 내렸다는 선암사가 자리잡고 있다. 고려시대 어주 방어사를 지낸 김극기(金克己)는 선암사를 다음과 같이 노래했다.

寂寂洞中寺
蕭蕭林下僧
情塵渾擺落
智水正澄凝
殷禮八千聖
淡交三要朋

홍교(승선교)와 강선루 ▲

我來消熱惱
如對玉壺氷

적적한 산골 속 절이요
쓸쓸한 숲 아래 스님일세.
마음속 티끌은 온통 씻어 떨어뜨렸고
지혜의 물은 맑고 용하기도 하네.
팔천 성인에게 예배하고
담담한 사귐은 삼요의 벗일세.
내 와서 뜨거운 번뇌 식히니
마치 옥병 속 얼음 대하듯 하네.

선암사 절 입구에는 승선교(昇仙橋)라는 별칭을 가진 아름다운 무지개다리가 있다. 이 다리를 지나 이층 누각인 강선루(降仙樓)를 돌아 올라가면 삼인못이 나오고 그 뒤에 있는 일주문을 만난다. 삼인못 주변에는 천여 평이 넘는 야생차 밭이 있는데 도선국사가 조성한 것이라고 한다.

일주문에는 조계산 선암사라는 현판이 걸려있고 그 뒷면에는 전서체로 쓴 '고청량산해천사(古淸凉山海川寺)'라는 글씨가 보인다. 이전에는 청량산 해천사이었으나 대각국사가 중국에서 돌아와 조계산 선암사로 이름을 바꾸었다. 일주문 뒤 범종각을 지나 계단을 오르면 만세루가 보이는데 그 벽면에 간결한 예서체로 쓴 '육조고사(六朝古寺)'라는 큰 글씨가 눈에 들어온다. 육조고사란 중국 육조시대 달마대사를 지칭하며 선암사에 달마대사를 모시고 있다는 뜻이라고 한다. 이 현판은 『구운몽』의 저자 김만중의 부친 김익겸이 쓴 글씨라 전해지고 있다. 만세루를 지나면 바로 대웅전이 나오고 대웅전 앞에는 단아한 모습을 가진 불국사 석가탑을 닮은 국보 삼층석탑이 자리잡고 있다.

대웅전의 규모는 크지 않으나 가운데 어간문이 없으며 법당 안에는 양쪽에 협시보살이 없이 석가모니 본존불만 모셔있는 것이 특이한데 여기에 일주문 뒤에 있어야 할 사천왕상까지 없다고 하여 3무 사찰이라고 부르기도 한다.
정유재란 때 큰 피해를 입은 선암사를 재건하던 호암대사는 힘이 너무 부치자 높은 바위에서 떨어져 죽으려 뛰어내렸다. 그때 하늘에서 나타난 아름다운 여인이 두 손으로 받아 안아 살아남게 되었는데 그 여인이 관음보살의 화신이었다고 하여 아름다운 무지개다리를 만들고 대웅전 뒤쪽에 원통전을 지어 관음보살을 모시게 되었다.

원통전 뒤를 돌아 올라가면 천연기념물인 매화나무가 고태를 자랑하고 있고 그 뒤쪽 칠전선원 앞에는 대각국사가 만들었다는 차밭이 있다. 오천여 평에 달하는 차밭 중간 중간에 은행나무가 심어져 있어 강한 햇볕을 가려주기 때문에 지금도 쓴맛을 내는 탄닌 성분이 적은 질 좋은 찻잎이 생산되고 있다. 고려 때 대각국사가 중국으로 보냈다는 뇌원차(惱源茶) 역시 선암사 차밭에서 만들어진 차였다고 한다.

칠전선원을 돌아 삼신각을 둘러보고 나오면 불교강원을 만난다. 강원 출입문 위쪽에는 물수(水)와 바다해(海)자가 붙여있다. 이것은 화재를 방제하기 위해 붙여놓은 부적 같은 것이라고 한다. 약수터 앞에 사지를 땅 위로 펼쳐 옆으로 뻗어 자란 나이가 많아 보이는 소나무가 누워있다. 선암사의 유구한 역사만큼이나 나무들도 나이를 먹어 같이 늙어가고 있는 것 같다.

약수터 앞 계곡 쪽으로 멋스런 목재 건물인 그 유명한 '선암사 뒷간'이 나온다. 뒷간이 문화재로 지정된 것은 영월읍 보덕사와 함께 우리나라에 두 곳 밖에 없다고 한다. 재래식 뒷간은 깊이도 엄청나지만 아래쪽으로 난 칸도 넓어서 어른들도 일을 보려고 하면 정강이가 후들 거릴 정도로 무서움을 느끼는 곳이다. 그러나 이곳에 자리를 잡고 앉아 일을 볼 때 문틀만 있는 창문 넘어 산자락을 바라보고 있으면 해우소(解憂所)라고 부르는 뒷간의 심오한 의미를 알 것 같다.

시인 정호승은 「선암사」라는 시에서 "눈물이 나면 기차를 타고 선암사로 가라, 선암사 해우소로 가서 실컷 울어라, 선암사 해우소에 앉아 울고 있으면, 죽은 소나무 뿌리가 기어 다니고, 목어가 푸른 하늘을 날아다닌다. 풀잎들이 손수건을 꺼내 눈물을 닦아주고, 새들이 가슴속으로 날아와 종소리를 울린다."고 했다. 시인의 눈에는 선암사는 현실의 세계가 아닌 죽은 소나무 뿌리가 살아 기어 다니고 목어가 하늘을 날아다니는 선경으로 보인 모양이다.

그러나 상처받고 고통 받은 우리의 역사를 안고 살아가고 있는 선암사의 현실은 그리 녹녹치 만은 않은 것 같다. 해방이 되자 이승만 정권이 불교계를 개편하면서 대부분의 사찰들이 조계종으로 소속되었으나 선암사는 여느 사찰과는 다른 길을 걷게 되었다. 선암사 소유권은 조계종이 가지고 있으며 선암사 안에 들어가 실제로 생활하고 있는 승려들은 태고종 스님들이며 이 사찰 시설을 보수 관리하고 있는 곳은 순천 시청으로 매우 복잡한 상태에 놓여있다. 아직도 완전히 해결되지 않은 묶은 아픔을 간직하고 있어 불교계뿐만 아니라 많은 국민들의 마음을 안타깝게 하고 있다.

선암사 16대 주지 지허 스님은 차에 대해서 일가견을 가지고 있는 승려로 선암사 차밭을 지켜왔다. 또한 『지허 스님의 차』라는 제목을 단 책을 발간하여 우리나라 야생차연구에 크게 기여한 바 있다. 그러나 2005년에 주지 직을 마치고 지금은 낙안읍성이 내려다보이는 금전산 금둔사로 자리를 옮겨 1만평이 넘는 야생차밭과 함께 생활하고 있다. 새로 조성한 차밭은 삼양칠음(三陽七陰) 그늘이 지도록 활엽수를 심어 질 좋은 재래식 찻잎 생산하여 고급야생차를 제조하고 있다.

이렇게 좋은 차밭을 가진 선암사가 최근에는 차 생산을 하지 않고 있으며 복잡하게 얽힌 여러 가지 문제점을 쉽게 해소되지 못하고 고통 속에 빠져있다. 어찌 선암사만 이렇겠는가? 오늘날 우리나라는 불교계뿐만 아니라 다른 종교 역시 문제가 많다고 하니 평화로운 시절의 종교는 쉽게 타락하는 속성을 가지고 있는 것 같다는 생각이 들기도 한다. 우리가 겪었던 한국전쟁을 생각해 보면 아파하고 고통 받고 희망이라고는 눈곱만큼도 보이지 않은 어둠속에 갇혀 있을 때 비로소 인간은 회개하고 뉘우치고 보다 선량해지려고 노력하게 되는 종교인이 되는 것인지도 모를 일이다.

『태백산맥』의 저자 조정래의 아버지 조종현은 만해 한용운 밑에서 활동했으며 문단에 등단한 시조시인으로 선암사 부주지를 맡고 있었다. 해방이 되고 미군정이 시작이 되어 혼란이 파도처럼 전국에 몰려 왔을 때 조종현은 선암사가 오랜 동안 가지고 있었던 논과 밭을 소작농들에 나누어 주자고 주장했는데 이것이 빌미가 되어 좌익으로 몰려 죽을 고비를 넘겼다. 이 사건을 계기로 조정래가 순천 남국민학교에 입학한 1949년 그 가족은 순천을 떠나 논산으로 이사했고 한국전쟁이 일어난 후 1.4후퇴 때 벌교상고 국어교사가 된 아버지를 따라 벌교와 인연을 맺게 되었다. 그가 경험했던 소년시절의 이야기인 『태백산맥』은 바로 조계산 주변에 살고 있는 민초들이 한국전쟁으로 겪은 파란만장한 삶의 드라마 인 것이다. 태백산맥은 우리나라 소설 중에서 800만부 이상이 팔려 전 국민의 25%가 이 책을 읽었다고 하여 가히 '국민역사책'이라는 별칭까지 붙게 되었다. 보성군 벌교읍에 가면 '조정래 태백산맥문학관'이 설립되어 있으며 많은 자료가 잘 준비되어 있어서 혼란했던 그 시기의 역사를 쉽게 이해 할 수 있는데 큰 도움을 주고 있다.

조계산 자락에 고즈녁하게 자리한 아름다운 선암사를 둘러 본 것만으로도 분답했던 마음이 차분해 지는 것 같았다. 차를 마시는 뜻이 화경검진(和敬儉眞), 즉 부드러운 마음으로 올바른 예절, 검소한 생활을 하면서 진실한 품성을 배양하는 것이라고 하는데 도선과 대각국사 때부터 이어온 유서 깊은 차밭을 품고 있는 선암사가 부디 차심(茶心)을 찾아 서로 돕고 용서하는 불심으로 다시 태어나길 바라는 마음 간절하다.

버드나무에 대한 한 생각

나무와 꽃을 보면 세월의 오고가는 것을 쉽게 느낄 수 있다. 3월 초 봄소식은 꽃바람을 타고 온다. 개나리, 진달래가 피고 산속의 생강나무 노랑꽃이 피기 시작하면 봄은 벌써 파도처럼 퍼져 나간다. 길게 늘어진 실가지에 점점이 녹색을 띠고 볼록하게 부풀어 오르는 버드나무의 녹색 눈은 새 봄의 전령으로 손색이 없다. 거기에 삼일우(三日雨)가 내려 영롱한 빗방울이 새 눈 위에 반짝일 때면 이를 보는 이의 가슴에 밝은 희망의 메시지를 안겨준다.

4월이 지나고 계절의 여왕이라는 5월이 되면, 푸른 하늘을 배경으로 수양 버드나무의 신록은 그 무슨 말로 다 할 수 없는 황홀한 신비감을 우리들에게 안겨 준다. 그 중에서도 무리지어 시냇가나 소공원에 자라고 있는 수양의 신록은 더욱 빛을 발한다.

수양은 버드나무과로써 속명은 Salix이며, 영어 이름은 Willow, 일본에서는 야나기(柳)라고 부른다. 한자로 류(柳), 또는 양류(楊柳)로 쓰기도 하는데 류는 버드나무 종류를 가리키지만, 양이라 하면 사시나무(白楊), 미루나무(美國黑楊), 구주흑양(歐洲黑楊)을 나타낸다.

명나라의 식물학자인 이시진(李時珍, 1518년~1593년)의 『본초강목』를 보면 가지가 위로 뻗은 것은 양(陽)의 음을 따서 양(楊)으로, 아래로 뻗은 것은 수류(水流)의 류(流)의 음을 흉내낸 류(柳)로 표기하였다. 그러나 왕버들(河柳), 고리버들(杞柳)같은 것은 가지가 바로 서 있지만 모두 류(柳)라는 글자가 들어가 있어서 위의 설명도 맞지 않는 부분이 있다.

세계적으로 볼 때 버드나무 종류에는 약 300종이 있다. 버드나무 종류는 모두 암나무와 수나무가 따로 있으며 종자는 흰 솜털 안에 있다. 그래서 Cotton wood라는 이름도 가지고 있다. 5~6월에 하얗게 하늘을 날아 다니는 솜털은 화분이 아니라 종자이며, 어미 나무에서 떨어져 나온 종자는 약 1주일 정도 생명력을 가지고 있으나 그 뒤에는 싹트는 힘을 잃어버린다.

우리나라의 수양버드나무는 원래 중국에서 건너온 것으로 알려져 있다. 학명은 Salix koreensis 이며, 영어로는 Weeping willow, 또는 Babylon willow이다. 실은 바빌론과는 별 관계가 없다. 중국 육조시대 시성 도연명(陶淵明)이 팽택(彭澤)의 영(令)을 그만 두고 나와 자기 집에 다섯 그루의 버드나무를 심고 스스로 오류선생(五柳先生)으로 호(號)를 붙인 것도 이 나무의 진가를 터득한 것으로 짐작된다. 그후 수(隋)나라 양제(煬帝)는 그 유명한 대운하를 만들고 그 언덕에 버드나무를 심을 것을 권했다. 버드나무 한 포기를 심는데 한 폭의 비단을 상으로 주었다는 것이다. 그 뒤 이 버드나무들은 수류(隋柳), 또는 양류(煬柳)라는 이름까지 얻게 되었다. 우리가 부르는 수양버들은 수나라의 양제에서 유래된 이름이다.

양류관음(楊柳觀音) 보살은 오른손에 버드나무의 가지를 쥐고

왼손은 왼쪽 가슴에 얹고 바위 위에 앉아 있는 상(像)인데 중생의 병고를 덜어주는 일을 맡고 있다. 이로 미루어 보아 버드나무는 중생의 고통을 들어주는 상징이 되어 왔다.

그런가 하면, 서양에서 버드나무는 비애를 상징한다. 나폴레옹이 유배되었던 세인트헬레나섬에는 1810년 비트손이 수양버들을 심었다. 나폴레옹은 이 나무 밑에 의자를 놓게 하고 그 곳에 앉아 슬픈 명상에 잠기곤 했다. 이 나무 아래서 지친 몸을 쉬고 재기의 강인한 뜻을 가다듬은 곳도 버드나무 아래였다.

오늘날 버드나무는 주로 조경수로 심어지고 있으나, 옛날 이집트 시대에는 버드나무의 수피를 불에 태워 그 재를 물에 타 마셔 진통제로 이용한 적도 있다. 최근 독일에서는 천연진통제 원료로 개발하기 위해 버드나무의 유전자원림을 조성하고 있다. 또한 이쑤시개를 요우지(柳枝)라고 하는데 이것은 수양버드나무 가지의 일본어 발음이다. 가지 끝이 잘 끊어지지 않고 유연하여 옛날부터 이쑤시개로 이용해 왔다. 오늘날 네델란드에서 버드나무의 가지로 만든 친환경 도시락을 유럽 여러나라에서 사용하고 있다.

수양버드나무는 많은 시문으로 읊어지고 있다. 고려 인종 때 시인 정지상(鄭知常)은 다음과 같은 시를 남겼다.

    柳色絲絲綠
    桃花點點紅

    버들빛은 실실이 푸르고
    복사꽃은 점점이 붉구나.

이 시에서 사사(絲絲)와 점점(点点)이 좋은 대조를 이루고 있는데, 하나는 선이며 또 하나는 점이라는데 멋이 있다.

중국의 시에도 버드나무가 많이 나온다. 왕유(王維, 699~761?)는 「위성곡(渭城曲)」에서 다음과 같이 읊고 있다.

渭城朝雨浥輕塵
客舍靑靑柳色新
勸君更盡一盃酒
西出陽關無故人

위성에 아침비 내려 먼지를 적시고
객사는 푸르러 버들빛 새로워라.
그대에게 권하노니 다시 한 잔 마시게
서쪽으로 양관을 나서면 친구 없으리니.

위성의 아침비가 가볍게 먼지를 적시었는데 여인숙의 뜰에 서 있는 버드나무의 색깔은 더 한층 푸르더라는 시는 정말 훌륭하다. 조용히 떠나는 착잡한 마음의 아침에 버드나무의 아름다움이 짙은 인상을 안겨주고 있다.

육조시대 대시인 오류 도연명은 다음과 같은 시를 남겼다.

百花長恨風吹落
唯有楊花獨愛風

모든 꽃이 길고 긴 한 머금고 바람에 날려서 떨어지는데
다만 버드나무의 꽃만이 바람을 사랑해서 하늘을 난다.

버드나무는 아름다운 여인의 몸매에 흔히 비유되고 있다. 버들잎

같은 눈썹이라 해서 유미(柳眉)라 하고, 버들가지 같은 날씬한 허리라 해서 유요(柳腰)라 했다. 길고 윤기 나는 여인네의 머리를 유발(柳髮)이라 해서 그 아름다움을 나타낸다. 누구는 매화를 선녀로 하고, 벚꽃을 숙녀로 하고, 해당화를 기녀로 하고, 버드나무를 재녀(才女)로 비유했다. 버드나무 가지는 가늘어도 바람에 꺾이지 않는다고 했는데 재주가 없고서야 이러한 일을 할 수 없다고 임교수는 『나무백과』에 적고 있다.

조선 건국공신인 삼봉 정도전(1342~1398)이 고려 말 원나라 사신을 접대하는 영접사로 임명되자 "사신을 접대하느니 차라리 그 놈의 목을 베어버리겠다."고 말하면서 그 직책을 단호히 거절하였다. 그 여파로 1375년에서 1377년까지 3년간 전남 나주 회진현 소재동(현 다시면)에 유배된 적이 있었다. 이곳에서 조선 건국의 이론적 기초를 생각했으며 그 때 느낀 바를 『消災洞記』로 그리고 한 촌부의 예리한 비판을 적은 『答田父』가 전해지고 있다. 이곳에 살고 있는 주민들은 순박하기 그지없고 바깥세계에 대한 허영심이 없이 오로지 농사짓기에 힘쓰며, 풍요로와 술 먹기를 즐긴다고 기록하였다.

도올 김용옥은 2005년 이곳에 표지판을 세우고 "삼봉이야 말로 경상, 전라 양 날개의 기를 결집하여 경기와 온 누리의 몸체를 혁신한 혁명가요 대사상가이다. 조선왕조를 일관한 민본사상이요, 인민의 삶과 정신을 혁신한 토지개혁, 종교개혁 등의 영구혁명론이다. 그 사상이 동학, 의병, 독립운동, 광주민중항쟁을 거쳐 오늘 우리사회의 개혁정신에까지 이르고 있으며 이곳 소재동이야말로 우리민족의 끊임없는 혁명의 샘물이다"고 적어 놓았다.

그가 유배지 전남 나주지역의 사람들을 순박하고 다정다감하며 풍류를 아는 사람들로 기록하였다.

정도전은 이성계를 도와 조선을 창건한 후 팔도의 특징을 알아 오라는 명을 받고 다음과 같은 팔도강산 칠언시「팔도평(八道評)」을 지었다.

경기도
朔鏡中美人貪色慾 世間情慾相爭同(거울속의 미인처럼 우아하고 단정하다)
함경도
四海八方相親樂 泥田鬪狗解願躬(진흙밭에서 싸우는 개처럼 맹렬하고 악착같다)
평안도
深山猛虎出入麓 萬疊靑山嘉節中(숲속에서 나온 범처럼 매섭고 사납다)
황해도
石中耕牛苦力中 播種收穫勞績功(거친 돌밭을 가는 소처럼 묵묵하고 억세다)
강원도
岩下老佛天理達 金剛山名古今宗(큰 바위 아래 있는 부처님처럼 어질고 선하다)
충청도
明月淸風廣山照 忠孝全心傳授統(맑은 바람과 큰 달처럼 부드럽고 고매하다)
전라도
風前細柳時節路 倫理道德崇尙道(바람결에 날리는 버드나무처럼 멋을 알고 즐긴다)
경상도
泰山高嶽望夫士 高節淸廉先輩道(큰 산과 험한 고개처럼 선이 굵고 우직하다)

전라도 풍전세류(風前細柳)란 모진 바람 앞에서도 꺾이지 않고 항상 즐겁고 흥겹게 풍류가 넘치는 삶을 살아가고 있음을 나타낸 말이다. 칠언시구처럼 윤리도덕을 숭상하고 멋을 알고 즐긴다는 뜻으로 이른 말이다.

그러나 해방 이후 우리나라의 지역감정이 격화되면서 풍전세류가 원래 뜻과 달리 "바람에 날리는 지조 없는 사람"으로 의미가 바뀌어져 전라도 사람들을 업신여기고 매도하는데 이용되고 있는데 이는 우리나라 현대 정치판이 만들어낸 잘못된 것으로 다시 바로 잡아져야만 한다.

지역감정의 근원은 1971년 대통령선거에서 맞붙은 박정희와 김대중후보가 정치적으로 악랄하게 이용한 것으로 이것은 우리나라의 난치병 중에 하나이다. 일제 강점기 전라도 김성수가 대구에 서상돈에게 독립자금지원을 요청하러 왔을 때 김성수의 인촌(仁村)이라는 호를 지어 주었다고 한다. 두 지역 사람들 간에 서로 이해와 사랑의 기류가 흐르고 있었으며, 해방 이후에도 전라도 출신들이 대구에서 국회의원에 당선되는 등 두 지역 간의 질시와 미움은 없었다. 그러나 이 악령은 2011년 오늘날까지도 계속되고 있다. 나라의 장래를 걱정하는 많은 지식인들은 오늘날 대한민국의 발전은 동서 화합 없이는 이루어질 수 없다고 생각하고 있다.

지방의 특색을 살리고 그 순수성을 유지 발전해 나가는 것은 매우 중요하지만 그것은 다른 지방의 고유성과 순수성을 인정하는 기반 위에서 이루어져야만 가능한 것이다. 한쪽이 다른 한쪽을 불순한 목적을 달성하기 위하여 특별한 이유없이 상대방을 무자비하게 짓밟고 뭉기고 그 위에 올라서면 진정한 화합은 이루어 질수 없기 때문이다.

나는 80년도에 경북대학교로 직장을 옮겨 30년이 넘게 대구에서 학생들을 지도하다 정년퇴임을 하였다. 많은 학생들이 졸업을 하고 사회에 나가 충실한 생활인으로 안정되게 살아가고 있는 모습을 보면 가슴에 벅찬 감동을 느낀다. 그 중에는 전남대학 WCU(World Class University) 사업에 참여하여 열심히 일을 하고 있는 미국 미시간 대학교수인 한 제자를 보면 어디서 태어났는가하는 출신의 문제보다는 지금 어떤 일을 하고 있으며, 무슨 생각을 하고 있는가가 더 중요하다고 생각한다.

5월 훈풍에 길게 늘어진 수양버드나무 가지가 한가롭게 춤을 추는 풍광은 평화와 행복의 감흥을 절로 일어나게 한다. 이 나무에 새겨진 호남인들의 의미(인내와 적응력 그리고 정과 풍류)를 다시 생각하면서 수양을 바라보면 정감이 더욱 깊어지게 된다.

정년하고 일 년이 지났다. 어떠한 일을 하면서 무슨 생각을 하고 살아왔는지 따져볼 겨를도 없이 일 년이 훌쩍 지나가 버렸다. 설렁설렁 뒷짐 지고 고개 넘어가는 촌로처럼 우리의 삶도 이렇게 소리 없이 지나가나 보다. 그래도 그 속에 담긴 아름다움, 즐거움, 행복함을 음미하며, 이 모든 것들이 부족한 나에게도 주어졌다는 것에 대한 감사하는 나날이 되길 기원하면서 오늘도 하루를 시작한다.

북벽향림

경부고속도로에서 대구로 들어오는 곳이 북대구 동대구가 있는데 그 중간에 팔공IC가 있다. 이 톨게이트를 나와 시내로 들어가는 길에 들어서면 '천연기념물 1호 도동측백수림'이라는 표시판에 도심 반대쪽으로 들어가라는 화살표가 붙어있다.

『동국여지승람』에 조선 초기 대문호 사가정(四佳亭) 서거정이 「대구 10경」을 노래한 시를 적어 놓았다. 금호강에 배 띄우기, 건들바위에서 고기 낚기, 연구산의 봄구름, 금학루의 밝은 달, 남쪽 연못의 연꽃, 북쪽 절벽의 향기로운 숲, 동화사 스님, 대로원 손님, 팔공산에 쌓인 눈, 침산의 석양빛 등이다.

「대구 10경」을 통해서 그 당시 대구 근교의 아름다운 풍광을 상상해 볼 수가 있다. 몇 곳은 지금 흔적을 찾아 볼 수가 없고 어디에 있었는지도 잘 알 수가 없다고 한다. 금호강에 배 띄우고 건들바위에서 낚시를 하며 침산에서의 석양빛을 즐겼을 그때의 대구를 생각해보면 한 폭의 그림과 같다.

700년이나 지났으니 어찌 옛 모습이 그대로 있을 수 있겠는가? 그래도 6경으로 지은 북벽향림은 아직도 창창히 옛 모습을 간직하

▲ 천연기념물 1호인 도동 측백수림

고 있다. 대구공항을 지나 팔공IC에서 왼쪽으로 직진해 들어가면 평광동으로 가는 길목에 있는 북벽향림(北壁香林)인 도동 측백수림을 만날 수 있다.

조선시대 이 길은 영남에서 서울로 가는 길목이다. 영천, 경산에서 온 사람들이 이 삼거리에서 대구 사람들을 만나 다리골을 거쳐 팔공산 지묘로 빠진 다음 파계사 앞을 지나 송림사, 그리고 칠곡, 왜관을 거쳐 문경을 넘어 서울로 올라가는 대로였다.

이 삼거리 주막 바로 눈앞에 하늘을 향해 힘차게 쳐 올라간 암벽, 그 바위 틈 사이에 빽빽하게 자라고 있는 측백수림, 그리고 아래 맑은 계곡물에 비쳐지는 산 그림자의 아름다움에 탄복하여 서거정은 다음과 같은「北壁香林」를 읊었다.

古壁蒼杉玉槊長
長風不斷四時香
慇懃更着栽培力
留得淸芬共一鄕

절벽의 푸른 삼나무는 옥으로 만든 긴 창 같은데
거센 바람 끊임없어 사계절 향기롭구나
정성스레 다시 더욱 힘들여 가꿔 놓으면
맑은 향기를 온 고장이 함께할 수 있으리

사가정(四佳亭)은 이 숲을 시로 읊으면서 이름을 향림이라고 하였다. 이는 나무의 이름을 붙여 지은 것이 아니고 '북쪽 절벽에 향기가 나는 숲'이라는 뜻으로 붙여진 이름이다. 시 속에 나오는 '창삼(蒼杉)'은 푸른 삼나무로 표시되어 있다.

이은상은 "옛벽에 푸른 향나무 창같이 늘어섰네, 사시로 바람결에 끊이지 않는 저 향기를 연달아 심고 가꾸어 온 고을에 풍기세"라고 번역하였다. 아마 북벽향림이라는 시의 제목에 맞추어 삼(杉)나무를 향나무로 번역한 것으로 생각된다. 단지 시에 들어있는 삼(杉)은 측백을 잘못 기록한 것으로 볼 수 있다. 정확하게 기술한다면 측백나무 백(柏)자로 적었어야 할 것이나 그 당시에는 나무에 대한 이름들이 확실하게 정리가 되지 않았던 시대라 측백나무를 삼, 향나무로 적었을 것이라 생각된다.

도동 측백수림은 1930년대 우리나라 천연기념물 1호로 지정되었다. 일제 강점기 때 시작된 천연기념물 지정사업은 이 숲을 측백나무림 중 우리나라에서 가장 남쪽에 분포해있는 분포한계 산림으로 보았다고 했다. 지정 당시에는 '달성측백수림'으로 이름이 붙여졌으나 1962년 '도동측백수림'으로 바꾸어 부르게 되었다.

일제 강점기 때 이 기념물 지정에 관여한 모리(森 爲三)는 "측백나무 숲은 대개 시냇가의 절벽에 발달해 있어 수백 년에 이르는 나무가 많으며 원래부터 자생한 것처럼 보이나 예전 신라시대 이 언덕 위에 묘지를 만들고 그 주변에 측백나무를 심었다. 그 나무가 커서 결실을 하게 되고 그 나무로부터 떨어진 씨앗으로 이와 같은 측백나무 순림을 만들게 되었다"라고 설명하고 있다. 중국에서도 측백나무는 묘지 주변이나 기념식수로 많이 심었다. 명나라 고분 명13릉에도 아름드리 측백나무가 자라고 있는 것을 볼 수 있으며, 태산 아래 대묘에 한무제가 심었다는 측백나무는 지금도 고색창연한 모습으로 살아 남아있다.

우리나라 고유수종도 아닌 옛날 중국에서 건너온 측백나무가 천연기념물 1호로 지정된 것은 독립이 된 후 대한민국정부가 들어 선 다음 한국전쟁이 일어나고 그 이후 사회가 안정이 되지 않고 있다가 1962년에야 천연기념물법을 제정하여 그 사업을 시작하면서 일제 강점기 때 해왔던 사업을 그대로 받아들였기 때문이다.

우리나라의 신학문 체계는 대부분이 일본을 통해 들어와서 지금도 여러 분야 학문에 그 잔재가 많이 남아있다. 특히 우리 임학만 하더라도 지존(地拵), 하예(下刈), 개벌(皆伐)과 같은 일본식 단어가 그대로 교과서에 사용되고 있으니 한문을 배우지 않은 요즈음 학생들은 그 뜻을 이해하는데 어려움을 겪고 있다. 이러한 일본식 표기를 여러 학문분야에서 쉽게 알아 볼 수 있는 우리말로 바꾸는 개정운동이 일어나고 있으나 아직 갈 길이 먼 것 같다.

오래된 절벽에 들어선 나무와 이 삼거리 골짜기에서 불어오는 바람은 한 여름은 시원하고 겨울에는 양지가 아늑하여 따뜻한 곳이다. 근무하던 직장에서 얼마 떨어져 있지 않은 곳이고 평광으로 들

서거정의 대구6경 북벽향림 시비 ▲

어가는 다리골에 있는 옻닭은 맛이 좋아 점심시간에 이곳까지 발품을 자주 팔던 곳이다. 여기 가는 길 옆에 있는 북벽향림이 서거정의 노래에 나오는 곳이며 천연기념물 1호로 지정된 곳이라고 하니 다시 한 번 발길을 멈추고 쳐다보게 된다.

최근 대구시 순환도로를 개설하면서 '도동측백수림'에 피해를 주게 된다고 하여 환경단체에서 반대하고 있다고 했다. 새로운 시대를 맞아 개발은 피할 수 없는 일이겠지만 발전이란 개발과 보전의 양면성을 가지고 있기 때문에 항상 균형을 잘 맞추어 진행되어야 할 것이다. 천연적인 자연풍광을 보전하는 일은 경제논리로 만 따질 일이 아니고 보다 긴 안목으로 판단해서 결정해야 할 일이다.

깎아지른 듯한 절벽에 빽빽하게 들어 선 측백나무 숲은 오랜 세월 동안 순림으로 잘 버텨 왔으나 요즈음에는 숲 아래쪽에 말채, 느티, 물푸레, 소태, 회화, 난티, 골담초와 자귀나무 같은 활엽수들과 함께 어우러져 자라고 있는 아름다운 생태숲으로 변하고 있다. 옛 정취는 많이 사라지고 없지만 그래도 명맥을 이어가고 있는 측백수림은 오늘도 도동 골짜기 바람 속에 맑은 향기를 가득 채워주고 있다.

묘골 육신사 이야기

1456년 봄, 밤은 삼경인데 모든 사물이 깊은 잠에 빠져있는 시간, 성삼문, 박팽년, 이개, 하위지, 유응부, 유성원, 김질은 작은 사랑방에 모여 명나라 사신이 오는 1456년 6월 1일 환영식장에서 거행하기로 한 계획을 꼼꼼히 다시 확인하고 있었다. 사신을 맞이하는 환영식에 참석하는 세조의 호위를 성삼문의 아버지 성승과 유응부가 맡았으니 이 기회에 세조와 동조세력을 단숨에 척결하면 상왕으로 쫓겨나 있던 단종의 복위는 식은 죽 먹기라 생각하고 있었다. 그러나 같이 힘을 합쳐 거사를 하기로 했던 김질이 마음에 조바심이 생겨 장인인 영의정 정창손에게 대사를 누설하고 말았다. 이 사실이 세조에게 알려지게 되니 온 세상이 발칵 뒤집히게 되었다. 당장 잡혀서 끌려온 성삼문에게 배후를 대라고 불로 달군 인두로 온 몸을 지져댔지만 같이 모의한 사람은 오직 박팽년 밖에 없다고 말하고 입을 다물었다. 그러나 이일에 관련된 신하들이 모두 붙잡혀 죽도록 고문당하고 귀양 가게 되었다.

이들 중 단종에 대해 목숨 다 바쳐 충성한 여섯 명의 신하가 있었으니 이들이 사육신이다. 이중 박팽년은 극심한 고문으로 옥사했고,

육신사 입구 ▲

유성원은 잡혀가기 전에 자기 집에서 자인(自刃)하였다. 또 다른 성삼문, 하위지, 유응부, 이개는 한강변 군기감(軍器監) 앞에서 거열(車裂)을 당하였다. 이들 사육신은 그들만 죽임을 당한 것이 아니라 삼대에 걸쳐 모든 남자들은 다 잡아 죽였고, 여자들은 모두 노비로 만들어 완전히 대를 끊어 버렸다.

이때 성삼문이 남긴「절의가」는 만고에 충성심을 나타내고 있다. 이에 못지않게 박팽년이 죽기 전에 남긴 다음 시조 역시 단종에 대한 충성심을 오롯이 간직하고 있다.

   가마귀 눈비마자 희는 듯 검노매라
   야광명월(夜光明月)이 밤인들 어두오랴
   님 향한 일편단심(一片丹心)이야 고칠 줄이 있으랴

세조는 이렇게 잔인한 방법으로 사육신의 대를 완전히 끊어버렸다고 생각했겠지만, 그러나 이런 참사 중에서도 기적은 일어나는가? 박팽년의 첫째아들 박헌과 둘째아들 박순도 아버지와 같이 처형당해 죽고, 박순의 아내 성주 이씨는 고향인 성주에 관비가 되어 내려왔는데 하늘이 도왔는지 마침 임신 중이었다. 그러나 아들을 낳으면 잡혀 죽게 되어 있고 딸을 낳으면 종이 되는 팔자였다. 같이 따라 내려온 여종도 우연치 않게 비슷한 시기에 출산을 하였는데 성주 이씨는 아들을 낳았고 여종은 딸을 낳았다. 이들은 아무도 모르게 딸과 아들을 바꾸어 죽을 운명을 타고난 아들은 죽지 않고 살아남게 되었으니 취금헌 박팽년의 후대가 이렇게 이어지게 된 것이다.

외할아버지가 박비(朴卑)라는 이름을 지어주고 여종은 박비를 데리고 외가인 성주 닭실 마을에서 강 건너 하빈 묘골로 들어와 사람들의 눈을 피해 숨어 살게 되었다. 박비가 17살이 되었을 때 이모부 이극균이 경상감사로 부임하여 처가에 들렀다가 이 사실을 알게 되어 자수를 하도록 권고하였다. 세조에 이어 예종 다음인 성종 대에는 사육신에 대한 세상 평가가 많이 달라져 있었다.

세조가 왕위를 찬탈할 때 이에 반대한 세력은 역적의 누명을 쓰고 삼대를 멸해 씨를 말리더니 세월이 흘러 성종 때에는 왕권 회복을 위해 목숨을 바친 이들을 천하의 충신으로 다시 치켜 세워 신하의 충성심을 널리 홍보하는 도구로 사용하였으니 이것이 조선의 왕권이었다.

어쨌거나 성종은 박비를 충신의 자식이라 칭찬하면서 그동안의 고생을 위로해 주었다. 박비는 묘골로 돌아와 대가 끊긴 외가의 재산을 물려받아 육신사의 전신인 절의묘(節義廟)와 태고정(太古亭), 그리고 99칸이나 되는 종택 등을 짓고 후손들이 살아갈 터전을 닦았다. 자신의 이름도 박씨 성을 가진 노비를 뜻하는 '박비'를 버리고 박일산(朴一珊)으로 개명하였다.

처음 이름이 절의묘(節義廟)였던 사당에서는 본래 박팽년 한 분만 모셨는데 5대손 박계창이 제삿날 꿈에 다른 사육신 다섯 분들이 사당 밖에 와 서성거리는 모습을 보고 꿈에서 깨어난 즉시 부랴부랴 음식을 더 차려 함께 제사를 모셨다. 그 후 하빈사(河濱祠)를 새로 세웠고, 박팽년 이외의 다섯 분도 함께 모셨다.

묘골 마을은 300여 호가 넘게 번창하였으나 임진왜란이 일어났던 때 마을이 불에 타 소실이 되어 100여 호 밖에 남지 않았다. 그러나 임란의 화를 면한 태고정은 보물 554호로 지정되어 옛 모습을 간직하고 있다.

태고정 마루에 임진왜란이 끝나고 체찰사(體察使)로 이곳에 온 자화상으로 유명한 좌의정 윤두수(尹斗壽) 시판「太古亭」이 걸려 있다.

> 亂後人家百不存
> 數間祠宇倚山根
> 神明自是蒼天佑
> 虜火何能燼廟魂

> 난리후 인가가 백호도 남지 않았고
> 두어 칸 사당은 산비탈에 의지하였네.
> 신명은 이로부터 하늘의 도움을 받았으니
> 오랑캐 불이 어찌 사당의 혼백을 불태우랴.

마지막 구는 임진왜란 때 왜군이 들어와 태고정을 불로 태우려하자 하늘에서 날벼락이 떨어지면서 폭우가 쏟아져 내려 보전되었다는 사실을 적고 있다.

태고정 마루 한가운데 방명록이라는 매우 특이한 서판이 걸려있다. 정유재란이 끝나고 명나라 군사들이 돌아가는 길에 이곳 묘골에 와서 3일간을 묶게 되었고 이때 나라에서는 이들을 위해 접빈사를 파견하였다. 명나라 사신 서관란은 접빈사들에게 방명록을 만들 것을 제안하였으며 동지중추부사 이호민에게 시를 짓기를 권해 남겨진 시판도 같이 걸려 있다.

朴氏忠賢後
河濱舜所陶
今朝繡衣過
是處里門高
水繞開林館
山回隱節旄
從今天下士
談勝數江皐

박씨는 충현의 후예요
하빈은 순임금이 질그릇을 굽던 곳,
지금은 명나라 대신들이 찾아 왔으니
묘골의 마을 문이 높도다.
물은 감돌고 숲속의 집은 열렸으니
산은 감싸고 깃발은 숨겼도다.
지금부터 천하의 선비들은
이곳 강 언덕의 풍광을 이야기 할지어다.

시판 가운데 하빈순소도(河濱舜所陶)란 순임금은 왕위에 오르기 전에 역산(歷山)에서 농사를 짓고, 하빈(河濱)에서 질그릇을 구웠으며, 뇌택(雷澤)에서 고기잡이를 하면서 살다가 요임금으로부터 임금 자리를 물려받았다. 우리나라 하빈(河濱)의 지명도 여기에서 연유된 것으로 보인다. 이곳에 살았던 박팽년 6대손 도곡(陶谷) 박종우(朴宗祐, 1587~1654)는 달성십현 중에 한 사람이다.

이때 묘골 주인이던 박중후는 묘골에서 명나라 사신을 극진히 대접한 보답으로 명나라 사신 서관란은 묘골 부곡 낙동강 변에 그들의 군사를 동원해 넓은 농토를 개간해 주었으며 조정에서도 박중후를 가선대부에 제수하여 그 공로를 치하했다.

  7대손 박숭고는 박팽년에 대한 기록을 새로 찾아 묘골을 정비하고 태고정을 수리하였다. 마루에는 한석봉의 태고정 편액도 붙어있고, 대구 부사와 대사간을 역임한 동리 김윤안(1562~1620)이 지은 태고정 시판도 걸려 있다.

    亭名何太古
    主人心太古
    願得太古心
    事事皆太古

    정자 이름 왜 태고인가
    주인의 마음이 태고라네.
    원컨대 태고의 마음으로
    일마다 모두 태고이기를.

  씨는 속일 수 없다고 한 속담이 있듯이 그 이후 묘골 박씨 가문에서는 많은 인물이 배출되었다. 그중에 첨지중추부사를 지냈으며 죽은 후 이조참판을 제수받은 11대 삼가헌(三可軒) 박성수(1735~1810)를 들을 수 있다. 그러나 지금까지 국가에 가장 크게 공헌한 사람을 꼽는다면 박팽년의 13대손인 박준규 전 국회의장이라고 할 수 있을 것이다. 해방이 되고 민주당 대통령후보 조병옥 박사의 비서로 정계에 입문하여 김영삼 전 대통령, 김종필 전 국무총리와 함께 9선 국회의원을 역임했으며 국회의장을 세 번이나 한 현대정치의 주역이었다. 이러한 사실과 무관하지 않게 1975년 육신사(六臣祠)를 건립하였으며, 1981년 외삼문, 숭절당 등을 갖추어 지

▲ 왼쪽에서 부터 이호민의 시판, 석봉 한호의 태고정 현판, 명나라 사신과 조정 접빈사 방명판, 동리 김윤안, 그리고 윤두수의 시판이 차례로 걸려 있다.

금과 같은 세련된 모습의 육신사를 이루게 되었다.

여성 분 중에도 예의범절이 바르고 근검절약형 현모양처였다는 삼성 그룹 설립자 이병철 회장의 부인인 박두을 여사 역시 묘골의 빼어난 인물이다.

아담하게 세워진 육신사 문을 들어서면 연못이 있고 그 옆으로 난 돌계단을 올라가면 넓은 마당이 나오는데 마당 왼편에 이곳이 국회의장 박준규 생가터라 대리석 작은 표지석이 놓여 있다. 좀 더 커도 괜찮을 것 같은데 그렇지 못한 데는 또 다른 숨은 이야기가 있는 것 같다.

가장 높은 곳에는 사육신의 위패를 모시고 있는 숭정사가 있고, 그 오른편에 노량진 사육신 묘소에 있는 것과 비슷한 육각형으로 된 육선생 사적비가 솟아있다. 바로 뒤에 박정희 대통령과 최규하

▲ 숭정사 앞마당에 육선생 사적비. 그 뒷 쪽으로 박정희, 최규하, 박준규 세 분의 휘호가 적힌 검은 대리석비가 보인다.

대통령권한대행, 박준규 국회의장의 휘호 비가 서 있다. 그리고 동쪽에 태고정이 자리잡고 있다.

이곳에서 내려다보이는 산세는 좌청룡 우백호의 모양으로 지관이 아닌 초보자의 눈에도 아늑한 명당의 모습이다. 육신사를 돌아보며 연연히 이어져 내려온 그 파란만장한 사육신과 취금헌 박팽년의 핏줄이 이어지는 역사를 되짚어 보니 감회가 새로웠다.

조사당 선비화를 찾아서

어느 날 핸드폰 전화벨이 울렸다. Y신문사 문화부 기자라고 하면서 "어느 사찰에 해도 잘 들지 않고 비도 맞지 않은 처마 밑에 천년이 넘는 오래된 나무가 살아 있는데, 사람들이 말하기를 부처님의 불심에 의해 살고 있는 기적의 나무라 한다"고 말하면서 식물학적으로 가능한 일인지를 물어 온 적이 있었다. 이 나무가 영주 부석사에 조사당 처마 밑에 자라고 있는 '선비화'라 부르는 나무라 했다.

소백산 남쪽에 자리잡은 영주는 풍광이 수려하여 관광명소가 많이 있다. 풍기는 계룡산이나 무주 구천동, 지리산 운봉, 봉화 춘양 등과 함께 10승지에 속한 길지로 알려진 곳으로 국립숲치유원이 들어서 있고, 또 수질 좋은 풍기 온천이 자리잡고 있다. 바로 가까운 곳에 우리나라 최초로 설립된 소수서원과 신라 문무왕 16년(676)에 의상대사가 세운 화엄종찰 부석사, 그 앞에 세계콩과학관도 있다. 영주는 아니지만 산 고개 하나를 넘으면 만날 수 있는 봉화 춘양에 국립백두대간 수목원이 들어서 있다.

영주시에서는 이들 관광단지를 연결한 관광벨트를 조성하여 많은 관광객을 유치하고 있다. 이 중에 선비화가 있다는 부석사는 봉황산 줄기 풍광이 수려한 곳에 의상대사가 창건한 화엄종찰로 2018년 6월 UNESO 문화유산에 등재된 화엄종의 근본 도량이다.

주차장 윗쪽 작은 연못과 꽃나무를 심어 아름답게 만들어 놓은 예쁜 정원을 지나 조금 올라가면 부석사 입구 매표소가 나오고 바로 부석사 일주문을 만난다. 이곳에서 천왕문까지 백여 미터 올라가는 약간 경사 진 길 양옆에는 수령이 꽤 오래된 은행나무가 줄지어 서 있다. 가을이 되면 길 위에 떨어져 쌓인 이슬에 젖은 노란 은행잎을 밟으며 걷는 길은 그대로가 묵상하며 수행하는 구도의 길로 종교는 다르지만 수녀님이 매우 좋아한다고 알려져 있는 길이다.

천왕문 앞에 놓인 대여섯 계단을 올라가면 문 옆에는 나무 둥치가 한 아름쯤되는 일본피나무가 서 있다. 5~6월 노란황금색 꽃으로 나무 전체가 뒤덮일 때면 온갖 벌들이 모여 들어 벌꿀 잔치를 벌이어 장관을 이루니 생명이 약동함을 볼 수 있다.

천왕문을 지나 위로 올라가면 안양루가 나오는데 전면에 '鳳凰山 浮石寺'라는 현판이 붙어 있다. 이 건물 마루 아래에서 계단을 올라 머리를 내밀면 바로 코앞 평평한 마당에 우뚝 솟은 석등, 그리고 그 뒤편에 우아하게 자리잡은 무량수전이 있다. 계단 입구에서 몸을 빼내어 마당 위에 올라서서 뒤를 돌아보는 순간, 눈앞에 펼쳐진 아름다운 풍광에 숨이 막힌다. 이곳 안양루 마루에 서서 바라다보는 소백의 능선과 그 너머 멀리 희미하게 보이는 황악산 연봉들이 이어져 만들어낸 그림 같은 스카이라인이다. 이곳에 온 수많은 시인 묵객들은 가히 '영남 제일경'이라 하며 이곳에서 많은 시를 읊고 써서 남겼다.

안양루 안에 오래되어 글씨가 흐릿한 시판이 여럿 걸려 있는데

▲ 안양루에서 바라다 본 황악산과 소백산 연봉 능선

입구 가장 가까운 곳에 난고(蘭皐) 김병연(金炳淵, 1807~1863)의 시판이 걸려 있다. 김삿갓의 고향은 바로 산을 넘은 강원도 영월 김삿갓면으로 그리 멀지 않는 곳이었으나 김삿갓은 나이가 들어서야 부석사에 온 것을 아쉬워하며 동남쪽으로 펼쳐진 소백의 능선의 비경을 보면서 「부석사(浮石寺)」라는 시를 지었다.

　　　　平生未暇踏名區
　　　　白首今登安養樓
　　　　江山似畵東南列
　　　　天地如萍日夜浮
　　　　風塵萬事忽忽馬
　　　　宇宙一身泛泛鳧
　　　　百年幾得看勝景
　　　　歲月無情老丈夫

　　　평생에 여가 없어 이름난 곳 못 왔더니

무량수전 배흘림기둥과 석등 ▲

　　백발이 된 오늘에야 안양루에 올랐구나.
　　그림 같은 강산은 동남으로 벌려있고
　　천지는 부평 같아 밤낮으로 떠있구나.
　　지나간 모든 일이 말 타고 달려온 듯
　　우주 간에 내 한 몸이 오리마냥 헤엄치네.
　　백 년 동안 몇 번이나 이런 경치 구경할까
　　세월은 무정하다 나는 벌써 늙어있네.

　김삿갓은 언제쯤 이곳을 다녀갔을까? 한 많은 그가 노구를 이끌고 여기 안양루 마루에 서서 비경 같은 풍광을 바라보면서 적은 이 시를 보니 김삿갓의 애절한 마음에 가슴이 저려온다.

　우리나라에서 가장 오래된 목조 건물 중 하나인 부석사 무량수전을 뒤로 하고 삼층석탑 옆으로 올라가는 길을 따라 조사당에 올랐다. 조사당은 의상대사를 모시고 있는 곳으로 고려 우왕 3년에 세워졌고 우리나라에서 가장 오래된 사원벽화가 있는 곳이다. 건물 옆에 선비화 설명 간판에는 "전하는 말에 의하면 부석사를 창건한 의

상대사가 중생을 위해 짚고 다니던 지팡이를 이곳 조사당 처마 밑에 꽂았더니 가지가 돋고 잎이 피었다고 한다. 1300년 이상 조사당 처마 밑에서 비와 이슬을 맞지 않고서도 항상 푸르게 자라고 있어 보는 이로 하여금 신비감을 주고 있다. 일찍이 퇴계 선생(1501~1570)이 부석사를 찾아와 이 선비화를 보고 다음 시를 지었다"고 적혀 있다.

擢玉森森倚寺門
僧言卓錫化靈根
杖頭自有曹溪水
不借乾坤雨露恩

빼어난 옥같은 줄기 빽빽이 절문에 비꼈는데
지팡이 신령스레 뿌리내렸다고 스님이 일러주네.
석장의 끝에 혜능선사 조계의 물 닿아있는가
천지의 비와 이슬 그 은혜를 빌리지 아니 했네.

▼ 조사당 앞 선비화인 골담초가 철조망 위쪽으로 싱싱한 잎을 달고 있다.

이 시를 보니 지금도 살아있는 이 나무가 500년 전에도 처마 밑에서 이슬과 비를 맞지 않고 살아 있음이 분명하다고 믿을 수밖에 다른 도리가 없다. 그러나 1300년 전 의상대사가 꽂은 지팡이가 살아나 지금까지 살고 있다고 하기엔 고개가 갸우뚱해지지만 어쩔 수 없이 반신반의할 수밖에 없는 심정이 되었다.

현 위치에 골담초가 살고 있는 것은 식물이 살 수 없는 환경이 아니고 비를 맞지 않고 햇볕은 많이 받지 못하지만 뿌리는 얼마든지 주변으로 뻗어 나와 수분과 양분을 흡수할 수 있는 위치라 생각되어 식물학적으로 살아가는데 충분한 환경을 확보하고 있다고 할 수가 있으니 결코 불심에 의해 살고 있는 기적의 나무가 아니라는 것만은 확인할 수 있었다.

그러나 안타까운 일은 이 나무를 보호하기 위해 보기만 해도 답답한 촘촘한 철조망으로 막아놓았으니 그 안에 있는 나무는 감옥살이를 하고 있다고 볼 수밖에 없을 것 같다. 보호를 목적으로 철조망을 치더라도 좀 더 넓은 면적을 막아 나무가 숨통이 트이도록 했으면 좋을 것 같았다.

이 선비화에 대한 이야기는 의상대사가 심은 것인지, 아닌지에 대한 진위와는 관계없이 잘 보호하고 관리해 이야기로 전해지도록 힘씀으로서 풍성한 민속문화가 이어 나가는데 큰 도움이 될 수 있을 것이다.

Y기자의 말을 듣고 찾아온 부석사의 선비화를 보고나니 하루해가 뉘엿뉘엿 소백산 줄기를 넘고 있다.

홍류동 올레길

무덥다 무덥다 하지만 이렇게 무더운 해가 있을까 싶다. 밤 온도가 25도 밑으로 떨어지지 않으면 열대야라 하고 30도가 넘으면 초열대야라 부른다. 금년은 7월 중순 이후 거의 한 달이 넘게 초열대야가 계속되고 있다. 이에 대구라는 이름이 대프리카로 바꿔 부르게 될 지경이 되었다. 잠을 자고도 잔 것 같지 않고 책상에 앉아 있어도 머릿속은 '멍때리기 삼매경'이다.

노약자 어린이는 밖에 나가지 말고 집안에서 지내라고 행정안전부에서 연일 스마트폰 메시지가 날아온다. 그러나 에어컨만 틀고 방 안에 틀어 박혀 있어도 몸과 마음은 정상적인 가동을 멈춰 버린 지 오래된 것 같다. 할 수 없이 이것저것 다 재끼고 합천 가야산 홍류동 소리길로 피서를 다녀오기로 했다.

가야산 소리길은 해인사 팔만대장경이 유네스코 문화유산으로 지정된 것을 기념하기 위해 2011년 '대장경세계문화축전'이 개최될 때 홍류동 계곡 입구에서부터 치인계곡까지 7.3km에 달하는 데크로 만든 올레길을 말한다. 계곡 물소리, 숲속의 바람소리, 그리고 새

소리가 어우러진 '소리가 있는 길'이라 의미로 붙여진 이름이다.

가야산은 경남 합천과 경북 성주에 걸쳐 자리한 명산으로 산세가 수려하여 명승지가 많기로 유명하다. 홍류동 계곡에서 가야산 정상까지 이어지는 계곡과 능선은 어느 곳보다 풍광이 수려한 곳으로 법보 사찰 해인사가 자리하고 있다. 1918년 해인사 주지 이회강 스님이 예운 최동식(猊雲 崔東植)과 함께 가야 19경을 정하고 「가야십구명소제영(伽倻十九名所題詠)」을 지었다. 이 올레길 주변 명소마다 그 시판을 세워놓았으니 시와 풍광이 어우러져 시는 시대로, 풍경은 풍경대로 더욱 생기가 넘친다. 예운의 가야 19경은 제1경 경멱원(更覓源)부터 시작하여 가야산 정상 석굴 안에 있는 제19경 우비정(牛鼻井)까지 이어져 있다.

오늘은 소리길 중간에 있는 홍류문에서 치인계곡까지 3km 정도 되는 데크길을 따라 걷는다. 짧은 거리이지만 제5경 홍류동(紅流洞)부터 제16경 회선대(會仙臺)까지 열두 개의 명소가 모여 있는 곳이니 더위도 식히고 풍광도 즐길 수 있어 일석이조인 셈이다.

홍류문 왼쪽 계곡으로 난 다리를 지나 울창한 솔 숲길로 들어선다. 숲속 소나무들은 얼추 일, 이백 년은 족히 넘어 보이는데 밑둥치는 송진을 채취한 아픈 상처가 그대로 남아있는 나무들이다. 그래도 푸른 하늘을 받치고 서서 바람결에 온 몸을 던져 솔향을 쏟아주니 숲속 공기는 그 맛이 다르다. 잔잔한 바람결과 홍류동 깊은 계곡에 청정한 물소리는 마음을 청풍으로 감싸안는다.

솔숲 안에서 농산정(籠山亭)이라는 단아한 정자를 만난다. 이곳이 고운(孤雲) 최치원이 책을 읽고 시를 짓던 독서당이다. 농산이란 고운이 이곳에서 지은 「제가야산독서당(題伽耶山讀書堂)」 시구에서 따온 것이다.

▲ 최치원이 책을 읽고 시를 짓던 농산정

狂噴疊石吼重巒
人語難分咫尺間
常恐是非聲到耳
故敎流水盡籠山

첩첩 바위 사이를 미친 듯 달려 겹겹 봉우리 울리니
가까이서도 사람의 말소리는 알아듣기 어렵구나.
시비를 다투는 소리 귀에 들릴까 두려워
흐르는 물소리로 온 산을 둘러싸게 하였네.

최치원은 신라 말 사람으로 어린 나이에 당나라 유학을 가서 18세 때 과거에 급제하여 「황소격문」으로 문장을 떨친 신라의 천재였다. 중국에서 양주 자사를 지냈으나 기울어져가는 신라를 다시 세우려는 큰 뜻을 품고 29세에 귀국하여 신라 왕실에 들어가 진성여왕에게 「시무10조」를 바쳐 왕실의 개혁을 시도하였다.

그러나 골품제 신분사회의 벽에 막혀 뜻을 이루지 못하고 함양 현감이 되어 지리산 홍수를 대비하여 상림(上林)을 조성하였는데 이는 우리나라 사방사업의 효시가 되었다. 최치원은 신라 개혁의 큰 뜻을 이루지 못한 아쉬움을 달래며 전국을 유람하다가 가야산 홍류동으로 들어와 독서당을 짓고 산수와 벗하고 살다가 어느 날 해인사 학사대에 지팡이를 꽂아두고 한 켤레의 신발만 남겨 놓은 채 홀연히 사라지니 사람들은 그가 신선이 되었다고 하였다.

농산정을 구경하고 조금 올라가 보니 하늘에서 선인이 내려와 피리를 불었다는 취적봉(吹笛峯)과 풍월을 읊는다는 여울 음풍뢰(吟風瀨)를 지나니 곧 이어 선경 풍광이 빛나는 여울 광풍뢰(光風瀨)를 만난다.

반시간쯤 밖에 걷지 않았으나 무더위에 산길은 많은 땀을 흘리게 한다. 마침 숲속에 마련된 쉬어 가라는 벤치를 만나니 반갑게 앉아 숨을 돌린다. 키 큰 떡갈나무가 하늘을 덮고 주변에 솔바람 소리, 마음속에는 끝없는 평화가 가득 찬다.

땀이 마르고 다시 일어나 걷기 시작한다. 이번에는 약간 경사진 길을 만나 숨이 턱에 찬다. 그 곳에 정금나무라 이름표를 단 키 작은 나무가 서 있다. 흑자색 작은 열매를 입에 넣고 살짝 깨물면 시큼한 맛이 나던 어린 시절을 생각하니 입안에서 군침이 돈다. 다리를 지나 산길로 들어서니 꽃이 떨어져 모인다는 작은 소인 낙화담(落花潭)이 나온다. 지금까지 지나온 명소의 시판은 눈으로만 보고 지나왔지만 이 시는 고운(孤雲)의 정감이 느껴진다.

風雨前宵鬪潤阿
滿潭流水落花多

道人猶有情根在
雙淚涓涓添綠波

어제 밤 비바람에 골자기가 요란하더니
소 가득이 흐르는 물에 낙화 가득하다.
도인도 오히려 깊은 정 남아있어
두 눈에 흐른 눈물 푸른 물결에 더 했겠지.

　이러한 천지의 순행을 보면서 최치원도 세속의 정을 잊지 못하고 이 푸른 계곡물에 눈물을 보태었을 것이라는 시심을 느끼니 마치 고운과 함께 낙화담에 앉아있는 것 같은 감회에 젖는다.
　고려 때 정지상의 「송별(送別)」 "大同江水何時盡 別淚年年添綠波(해마다 이별하는 사람들이 많아 눈물을 흘리니 그 눈물이 더해져 대동강물이 마르지 않는다)"는 구절은 최치원의 「낙화담」에서 빌려온 듯도 하다.
　아름다운 홍류동 소리길을 걸으며 경치가 뛰어난 곳마다 세워놓은 가야 19경 시판을 읽으니 시 중에 경치가 보이고 경치 중에 시심이 번진다. 당시(唐詩)의 거장 왕유(王維)의 '시중화(詩中畵)요 화중시(畵中詩)'의 경지를 느낄 것 같기도 하다.
　농산정에서 고운을 만나고 골골이 숨어있는 가야 명소에 정신을 빼앗기고 말았으니 벌써 무더위는 잊은 지 오래다.

2
스무동이 어딘고 하니

성암산에 오르다

　잘 익은 김치 같이 푹 삭아 이제 깊은 맛이 지나쳐 약간 식초 맛이 나는 것 같은 그런 친구들 다섯 명이 모였다. 오늘 산행길은 욱수골 성암산으로 방향을 잡았다. 덕원고등학교 앞 주차장에 차를 세우고 욱수골 쪽으로 자동차 길을 따라 올라간다. 산자락과 길 주변에 벚꽃, 복사꽃이 지천으로 피어있고, 청석받이 계곡물이 엊그제 온 비 덕분에 맑은 소리를 내며 흐른다. 그 주변에 돌복숭아꽃에 색기가 넘친다. 맑고 파아란 물이 가득 담긴 욱수지를 지나 계곡을 건너 왼쪽 산허리를 잘라 굽이굽이 돌아가는 산길로 접어 들어섰다. 신선한 공기에 섞인 진한 솔잎 향이 몸과 마음을 부풀려 준다. 역시 산에 오기를 잘했다는 생각이 절로 난다.

　소나무 숲 아래 햇볕이 잘 드는 좁은 빈터에 붉게 물든 진달래꽃은 잊었던 옛 추억을 불러 주었다. 중학교 때부터 입에 달고 있었던 소월의 시구가 절로 흘러나온다.

　　나보기가 역겨워 가실 적에는

말없이 고이 보내 드리오리다
영변에 약산 진달래꽃
아름 따다 가시는 길에 뿌리오리다
가시는 걸음걸음 놓인 그 꽃을
사분히 즈려밟고 가시옵소서

  소월의 시어는 항상 넘치지도 처지지도 않게 알맞고 적절하다. 너무 꽉 조이는 것도 아니고 그렇다고 너슨하지도 않아 맛이 난다. 나 보기가 역겨워 가신다는데… 네가 너에게 얼마나 잘해주었는데… 그리고 너 때문에 내가 얼마나 손해를 보았는데… 그렇게 나를 떠나 갈 수가 있는 것이야. 크게 화를 내고 때려죽일 것처럼 욕을 해도 시원치 않을 텐데… 말없이 그것도 곱게가 아니라 고이 보내준다고 한다. 어디 그것뿐인가. 떠나는 임이 가시는 길에 영변의 진달래꽃을 한 아름 따다가 뿌려드리겠다고 하고, 또 그 꽃을 밟고 가라고 한다. 그것도 짓이겨 뭉개지 말고 사분히 즈려 밟고 가라고 한다. 즈려 밟으라는 것은 꽃이 망가지지 않을 정도로 가만히 눌러 밟아주고 가라는 뜻이다. 이 마음을 어떻게 읽어야 할까? 그래 지금은 내가 보내드린다. 그러나 네가 다시 오길 기다린다는 말로 표현할 수 없는 그 마음의 깊은 심어(心語)를 전하고 있는 것 아닐까?

  나는 이 깊은 마음의 심어를 박목월 시인의 밀애에서 생각해본다. 박목월이 한국전쟁이 끝난 1954년경 서라벌예대 교수로 있을 적에 연구실에 대학원 여학생과 연분이 나서 어느 날 아무에게도 알리지 않고 둘이 조용히 제주도로 도망을 쳤다고 한다. 제주도에서 밀월의 달콤함에 취해 있었다. 그것을 어찌어찌 알게 된 목월의 부인이 제주도에 찾아가 둘이 앞에 두툼한 겨울 한복과 돈을 넣은 하얀 봉투를 가만히 내놓고 서울로 올라 왔다고 한다. 그 뒤 같이 있었던 아가씨는 더 이상 목월과 같이 살 수 없다고 생각하고 헤어지기로 작정하였다. 시인의 아내는 두 사람의 진한 사랑의 끈을 녹일 수 있었던 것은 보다 더 깊은 자비의 마음이 아니었을까? 목월이 서울로 떠나기 전날 밤, 시 「이별의 노래」를 지어 여인에게 선물로 주었다고 한다.

> 기러기 울어 예는 하늘 구만리
> 바람이 싸늘 불어 가을은 깊었네
> 아아 아아 너도가고 나도가야지.
>
> 한낮이 끝나면 밤이 오듯이
> 우리에 사랑도 저물었네
> 아아 아아 너도가고 나도 가야지.
>
> 산촌에 눈이 쌓인 어느날 밤에
> 촛불을 밝혀 두고 홀로 울리라
> 아 아 아 아 너도 가고 나도 가야지.

소월의 영변에 진달래꽃의 시어는 박목월의 부인의 마음이 담겨 있다고 할 수 있다. 오버를 입은 사람의 오버를 벗기기 경쟁을 바람과 햇볕이 했는데 햇볕이 이겼다고 하는 우화가 있다. 옷을 벗기기 위해 가지고 있는 전신의 힘을 다해 바람을 불어보았으나 옷을 입고 있는 사람은 죽을 힘을 다해 옷을 부여잡고 몸을 움츠려 결국 바람은 옷을 벗겨내지 못하였는데 따뜻하게 비쳐주는 햇볕에 점점 몸의 열기를 이기지 못하고 결국 옷을 벗었다는 이야기가 있다. 세상만사가 강한 것이 강한 것을 이기는 것이 아니라 강약의 조화가 모든 것을 이룩해주는 원동력이 아닌가 생각된다.

가파롭게 경사진 산길을 힘들어 올라가 능선에 다다르니 숨이 턱에 찬다. 이제 칠순이 넘은 나이들이다. '인생 70십 고래희'라는 두보의 시처럼 우리 나이도 예사 나이가 아닌가 보다. 30년 전, 아니 10년 전만 해도 펄펄 날았던 우리들이었는데 이제는 세월의 문턱에서 마음을 다듬을 나이가 된 것 같다. 능선에 오르니 동쪽으로는 굴참, 신갈 같은 낙엽활엽수림이 펼쳐져 있고, 서쪽에는 소나무가 빽빽하게 자라고 있다. 소나무 아래 양지가 바른 곳에 진달래꽃이 흐드러지게 피어 있다.

진달래꽃를 자규꽃이라고도 한다. 그래서 옛시에 자규꽃 시가 많이 있는데 그중에 심금을 울리는 것은 세조의 권력욕으로 강원도 영월 산골로 귀양 가서 죽은 단종의 「자규시」가 있다. 단종은 1441년에 태어나 1453년 12세 나이로 왕위에 올랐으나 1455년 세조에게 왕위를 이양하고 1457년 6월 노산군으로 강등되어 강원도 영월로 귀양을 가서 9월 금성대군의 복위운동이 일어나 서인으로 강등되었고, 그해 10월 사약을 내려졌으나 화살줄로 목을 메어 죽게 되었으니 그의 나이 15세였다. 정말 애절한 역사이다.

새벽 희미한 달빛이 비쳐진 산그늘에 흐드러지게 피었다가 떨어지는 진달래의 그 빨간 꽃잎이 피를 뿌린 듯 붉다고 했던 단종의 마음은 어떠 했을까?

애끓은 단종의 「자규시(子規詩)」를 적어본다.

一自寃禽出帝宮
孤身隻影碧山中
暇眠夜夜眠無暇
窮恨年年恨不窮
聲斷曉岑殘月白
血流春谷落花紅
天聾尙未聞哀訴
何乃愁人耳獨廳

한 마리 원한 맺힌 새가 궁중에서 나온 뒤로
외로운 몸 짝 없는 그림자가 푸른 산속을 헤맨다.
밤이 가고 밤이 와도 잠을 못 이루고
해가 가고 해가 와도 한은 끝이 없구나.
두견새 소리 끊어진 새벽 묏부리엔 달빛만 희고
피를 뿌린 듯한 봄 골짜기에 지는 꽃만 붉구나.
하늘은 귀머거린가 애달픈 이 하소연 어이 듣지 못하는지
어찌 수심 많은 이 사람의 귀만 홀로 밝은가.

이제 새싹이 자라기 시작한 숲들은 한창 물이 오르기 시작하였다. 비목의 새순도 노린재나무의 수피 색갈도, 그리고 굴참나무의 우람찬 모습도 아직 잎이 나오지 않았으나 새봄의 큰 숨을 내들어 쉬고 있었다. 능선을 따라 한참을 내려오다가 등산객들이 많이 모여 쉬고 있는 성암정에 앉아 오늘의 인증샷을 남기고 능선에 크게 난 길을 마다하고 곧바로 아래로 내려가는 비탈진 산길을 잡아 계곡 아래로 내려왔다.

30여 분 힘들게 내려오는 길에서 만난 진달래꽃들이 아래쪽에서는 꽃잎이 빛을 바래가고 있었다. 역시 봄날은 가고 있었다. "연분홍치마가 봄바람에…" 함께했던 동료 교수의 애절한 노래 소리가 우리 나이 마냥 아득히 멀리서 밀려오는 향수에 젖게 만들었다.
다들 건강한 모습으로 하루를 보냈다.

아까시나무의 부활을 꿈꾸며

어린이들은 동요를 부르면서 자란다. 우리가 가장 많이 부르는 동요는 「고향의 봄」이라는 노래이다. 이 노래 가사는 이원수가 15살 때 자기 고향집을 읊은 시로 1929년 홍난파가 작곡한 것이라고 하니 참 오랜 동안 우리 민족과 희로애락(喜怒哀樂)을 같이 해온 노래이다. '나의 살던 고향은 꽃피는 산골 복숭아꽃 살구꽃…' 우리나라 사람들은 복숭아꽃, 살구꽃하면 고향생각이 나게 마련이다. 이 노래 못지않게 우리가 많이 부르는 「과수원길」이라는 동요가 있다.

남쪽에서 훈풍이 불어오는 5월이 되면 박화목 작사, 김공선 작곡의 「과수원길」, 동구 밖에는 아카시아 꽃이 활짝 피어 있고 하얀 꽃이파리 눈송이처럼 날리고 그리고 향긋한 꽃냄새가 실바람 타고 솔솔… 이 얼마나 평화롭고 행복이 가득한 시골 풍경이었던가? 아카시아 꽃향기와 함께 잔잔한 노래 가락은 어린 시절 아름다운 추억을 파도처럼 마음속으로 밀려오게 하는 것 같다.

이 시는 우리나라에 아까시나무가 한창 많이 심겨지고 있던 1972년 한국동요인협회를 통해 발표된 노래다. 박화목은 해방 전 만주 신학교에서 교육을 받고 해방 이후 월남하여 동화작가와 시인으로 활동한 문인으로「과수원길」,「보리밭」과 같은 주옥같은 시를 남기어 국민적인 사랑을 받았다.

　복숭아, 살구는 아주 오래전부터 우리 민족과 같이 해온 과목들이지만 아까시나무는 외국에서 들어온 도입수종이다. 그런데도 마치 옛날부터 우리와 같이 해온 친근한 나무처럼 느껴지는 것은 우리 민족과 특별한 인연이 있기 때문이다.

　우리나라 산림은 일제 강점기 만주사변과 태평양 전쟁이 시작되면서부터 처참하게 착취되어 황폐되었으며 해방 이후 바로 민족상잔의 한국전쟁 동안 더욱 참혹하게 유린되어 눈을 들어 산을 보면 온통 황토빛 민둥산으로 둘러싸인 삼천리 황폐강산이 되었다. 취사난방은 오로지 산에서 나오는 임산자원과 농업부산물이 전부일 때 산에 있는 나무는 잘리고 깎이어 무참히 황폐되어 갔다.

　1967년 산림청이 개청되면서부터 산에 나무심기 운동이 체계적으로 벌어졌다. 그러나 대부분의 산들이 표토가 없어 나무를 심어도 자라지 못하는 곳이 많아 결국 그 힘든 사방사업부터 해야만 하였다. 등고선 별로 떼를 심거나 비토(肥土, 흙과 비료를 섞은 것)와 싸리, 잔디, 아까시나무 종자를 혼합하여 작은 주머니에 넣어 산 능선에 성을 쌓듯 고된 작업이 전국방방 곳곳에서 이루어지게 되었다. 아까시나무 종자는 국내에서 조달되기도 했으나 국내 공급이 턱없이 부족하여 원산지인 미국에서 비행기로 공수하여 가져오게 되었다. 이리하여 헐벗은 산들은 국민의 피나는 노력으로 다시 희망의 녹색을 되찾아 가게 되었다. 그 당시 산림보호를 위해서 가장 시급한 것이 연료림을 조성하는 것이었다. 이를 위해 산림청에서는 마을마다 아까시나무를 심어 연료림 공급이 지속 가능하도록 추진하면서 이 나무의 조림면적은 더욱 확대되어 갔다.

　1973년부터 농림부 소속이었던 산림청을 내무부로 이관하여 산림보호정책을 힘있게 추진하기 시작하였으며 제1차 치산녹화 10개년 계획을 수립하여 1978년에 조기 달성하게 되었다. 이에 발맞추어 난방과 취사용 연탄이 도시 뿐만 아니라 농촌에도 공급되면서부터 우리나라 산림녹화사업은 성공할 수 있게 된다.

치산녹화사업추진계획이 완성되면서 우리나라 임목축적은 1967년 $10m^3/ha$이었으나 2015년 $146m^3/ha$로 15배가량 증가되어 세계가 놀라고 부러워하는 녹색혁명을 이룩한 국가가 되었다. 이러한 성공은 산림녹화사업에 대해 국민들의 헌신적인 노력이 있었기 때문에 가능했으며 이는 세계사에 그 유래를 찾아 볼 수 없는 눈부신 성과를 달성하게 된 것이다. 그 당시 최일선에서 녹화사업에 동참했던 대부분의 사람들은 아까시나무가 있었기 때문에 가능했던 일이라고 믿고 있을 것이다. 1980년 이후 아까시나무는 더 심지 않았으나 콩과식물인 아까시나무는 어떤 땅에서나 잘 자라 사료작물로, 또한 녹비(綠肥)로, 그리고 밀원으로 광범위하게 이용되어 왔다.

아까시나무의 본래 고향은 미국인데 1492년 콜럼버스가 아메리카대륙을 발견하고 1600년대 영국의 청교도들이 미국으로 이민을 가서 살기 전까지 세상에 알려지지 않았던 나무였다. 미국으로 이민을 간 청교도들은 아까시나무를 사료로, 또 과수원 울타리로 이용하였다고 한다. 1600년대 초 로빈슨이라는 프랑스인이 미국에서 프랑스로 돌아오면서 이 나무를 유럽에 처음 소개하여 전파되면서 알려지게 되었다. 속명 Robinia는 이 나무를 유럽에 전파한 로빈의 이름을 딴 것이고, 종명이 pseudoacacia는 이미 인도네시아 등 열대지방에 Acacia라는 수종이 살고 있었기 때문에 진짜가 아니라는 pseudo라는 이름을 붙인 것이다. 영국, 프랑스, 독일 등 여러 나라에서는 정원수나 가로수 등으로 심고 있으나 아까시나무로 가장 성공한 나라는 헝가리이다. 1700년대 헝가리로 들어온 아까시나무는

아까시나무 보호수(성주군 월항면 지방리) ▲

물이 잘 빠지는 사질양 토의 토양에 잘 적응하여 이제는 원산지인 미국보다 각광을 받고 있는 임산자원 수종이 되었다.

아까시나무 식재 면적은 전체 산림면적의 18%를 차지하고 있으나 이용목재의 80%를 차지하는 헝가리의 주요 산림수종이 되었다. 이들은 아까시나무가 도입된 초기부터 아까시나무 육종을 철저하게 추진하여 질이 좋은 목재생산용 클론, 가축사료용 클론, 밀원용 클론, 요트마스트용 클론, 사슴 사냥터 조성용 클론 등 다양하게 육종을 하여 최근에 200여 종에 달한 신품종을 개발하여 일반 국민들에게 원하는 클론을 공급하고 있다. 헝가리 전 국토면적은 우리남한 면적과 비슷한 1000만ha로 우리는 남북으로 길지만 동서로 길게 누어있는 모양이어서 양봉을 하는데 이동식보다는 고정식 양봉을 하고 있다. 아까시아 꿀은 상온에서 수용성이므로 특별한 시설을 갖추지 않아도 쉽게 건강 음료를 만들 수가 있어 일본은 헝가리에서 아카시아벌꿀을 수입하여 '스포츠 음료'로 제조 판매하여 높은 수익을 올리고 있다.

아까시나무는 속성수이지만 목재의 비중이 높고 tylosis라는 특수물질로 물관을 매우고 있기 때문에 비를 맞아도 잘 썩지 않고 나무 자체가 잘 부러지지 않는 특성을 가지고 있다. 그래서 유럽의 집 앞 발코니나 야외 벤치로 많이 사용하고 있고 헝가리에서는 대형 온천장의 지붕이나 요트의 마스트로 사용되고 있다. 또한 목재의 결이 아름다워 유럽 가구 시장에서는 참나무로 만든 가구 다음으로 높이 평가받고 있다. 헝가리는 이 목재를 이웃나라 이탈리아로 수출하여 세계적인 가구 디자이너들이 명품가구를 만들이 EU시장에서 고가로 판매하고 있다.

산림녹화 사업이 끝난 1980년까지 32만정보나 심어 놓았던 아까시나무는 밀원식물로 이용되고 있었으나 임업인의 관심에서 멀어져 갔다. 일반 국민들은 아까시나무가 향토수종과 경쟁에서 더 강해 산림을 망친다고도 하고 태풍이 오면 산사태를 일으킨다고도 하면서 못 쓰는 나무로 밀어내기 시작하였다. 심지어 1992년 4월 15일자 조선일보 아침논단에 「아카시아론」이라는 제목을 달고 "아카시아를 뽑아내는 국민운동이라도 벌였으면 좋겠다"라는 아까시나무의 특성이나 기능을 전혀 모르는 공대 교수가 쓴 글을 실었다. 양봉으로 먹고 사는 사람들뿐만 아니라 임업에 종사하는 많은 사람들이 그 기사의 삭제를 요청하였으며 그 글을 쓴 사람에게 직접 찾아가 사과를 받아내기도 했다. 이를 기화로 임학회와 축산학회, 양봉협회 관계자들이 현 산림과학원에 같이 모여 1992년 5월 23일 '한국아까시나무연구회' 창립총회를 개최하였으며, 1993년 3월 4일 사단법인 '한국아까시나무연구회'를 발족하게 되었다. 우리나라 산림녹화에 아까시나무가 기여한 바를 재조명하여 국민들에게 알리며 아까시나무 목재 이용에 대한 새로운 연구를 추진하며 세계 여러 나라와 아까시나무 상호연구 폭을 넓혀 가게 되었다. 연구회에서는 아까시나무 목재 건조법을 개발하고 나무판을 만들어 온돌바닥재로 사용하거나 가구재로, 또 환경수로 이용하는 연구도 추진하였다.

아까시나무는 세계적으로 그 수요가 증가되고 있는 특용 수종이다. 중국 하남성에서도 용재, 밀원, 사료용 아까시나무 조림을 위해 1980년대 우리나라를 여러 번 방문하여 우리나라에서 개발한 광엽 아까시나무 클론을 연구하러 온 적도 있다. 북한 당국에서도 아까시나무 조림을 위해 2002년 중국 연길 단동에 있는 용정대학에서 우리나라 '평화의 숲'에서 주관한 공동세미나를 가진 적도 있다. 이 세미나에서 북한도 황폐한 산림복구를 위해 아까시나무에 대한 연구를 지속적으로 수행하여 새로 육종된 신품종을 발표하였다. 실지로 2003년도 북한을 방문하여 산림을 돌아본 결과 황량하게 황폐된 산림은 폭우와 태풍 같은 자연재해에 속수무책인 것 같았다. 그 동안 민간 차원의 산림복구 지원 사업이 계속되었으나 그 성과는 미미할 뿐이었다. 2014년 한국과학기술 한림원에서 산림청의 특별 지원을 받아 북한 조림사업 지원에 나섰으나 소기의 목적을 달성하지 못하고 마무리 되었다. 북한의 산림녹화 사업은 정부의 지원 없이는 성공할 수 없는 허황한 꿈이었다는 것을 그동안 북한지원에 참여해 왔던 민간단체 사람들도 알게 되었을 것이라고 생각한다.

그러나 2018년 들어 드디어 우리에게도 '평화의 노래' 소리가 들리기 시작하고 있다. 남북이 하나되어 다 같이 잘 살아가자고 한다.

그러기 위해서는 북한이 가장 먼저 해야 할 일은 산을 푸르게 만드는 일일 것이다. 산이 푸르러야 자연재해를 막아 낼 수 있고 아름다운 환경이 조성되어야 만 풍요로운 삶을 살 수 있는 생활환경이 만들어 질수 있기 때문이다. 그러나 북한의 산은 황폐정도가 너무나 심각하다, 이를 해결하기 위해 무엇보다 필요한 것이 사방사업이다. 이미 남한의 산림녹화사업을 성공시킨 아까시나무를 이용한 산지사방기술은 세계적 선진 기술로 자리잡고 있다. 이러한 기술을 북한 산지에 적용 할 수만 있다면 북쪽 민둥산을 녹화시키는데 이보다 더 확실한 묘안은 없을 것이라고 생각한다.

칠보산 송무백열

숲을 찾아 나서는 일은 즐겁고 유쾌한 일이다. 오늘은 영덕 병곡에 있는 칠보산을 오르기로 하였다. 병곡면 영리에 있는 일만 헥터 규모의 칠보산 국립자연휴양림을 찾았다. 백두대간의 끝부분이 영덕군 서쪽으로 이어져 동쪽으로 갈수록 점차 낮아졌다가 해안 끝에 우뚝 솟아있는 산이 칠보산이다. 이 산의 이름을 칠보라고 한 것은 돌옷, 더덕, 산삼, 황기, 멧돼지, 구리, 철 등 일곱 가지 보배가 나는 곳이기 때문이며 산세가 수려하고 정상에 오르면 동해의 푸른 바다가 한눈에 들어오는 명산이다.

자동차를 타고 병곡면을 지나 한참을 동해 쪽으로 올라가다가 칠보산이라는 간판이 붙여진 곳에서 왼쪽으로 돌아 포장이 잘된 도로를 8km쯤 따라 올라가면 칠보산 자연휴양림 주차장에 도착한다. 국립공원은 입장료가 폐지되었으나 자연휴양림에서는 입장료를 받고 있다. 국립공원 관리공단도 수요자 부담원칙에 의해 산을 보호하고 관리하는데 입장료를 다시 받아야 한다고 생각하였다. 주차장 아래 펜션이 있는 왼쪽 산길을 따라 올라가면 칠보산 정상으로 가는 길과 해돋이 쪽으로 가는 세 갈래 길을 만난다. 이곳에 산림욕을 효과적으로 하는 방법과 소나무가 주는 피톤치드에 대한 안내판이 세워져 있다. 이 안내판은 칠보산자연휴양림 숲체험장에서 만들어 놓았는데 일반 등산객들이 쉽게 이해할 수 있도록 잘 설명이 되어 있다. 그리 비탈이 지지 않는 길을 30여 분 올라가니 세 갈래 길에 등운산 분기점이라는 안내판이 나왔다. 이곳에서 등운산 쪽으로 길을 잡고 올라간다. 소나무와 떡갈, 갈참이 울창한 길 양쪽에 예쁜 하늘말라리꽃이 피어 있다. 참나리보다는 작은 앳된 모습이 산속에서 만나니 더욱 청초해 보이고 아름다웠다.

 등운산이 700m 남아 있다는 표지판이 서 있는 능선에 도착한 시간은 출발한지 한 시간이 지나서였다. 거기서 칠보산을 향해 동쪽으로 난 능선을 따라 걷기로 했다. 푹신하게 깔린 낙엽을 밟는 촉감이 부드럽고 편안하게 느껴졌다. 키가 쭉쭉 뻗은 소나무와 같이 잘 자란 물푸레나무가 떡갈, 신갈나무들과 함께 자라는 모습이 평화로워 보였다. 능선을 따라 한 시간쯤 가서 정자가 있는 곳에 도착하였다. 아래쪽 세 갈래 길에서 분기점 쪽으로 올라오면 한 시간이면 도착할 수 있다고 하니 우리는 한 시간을 빙 돌아 이곳에 도착한 셈이다. 한 시간을 더 걸었으나 울창한 숲이 뿜어내는 풋풋한 향기와 푹신한 낙엽이 깔린 길을 밟는 촉감이 좋았다. 정자에서 땀을 식히고 다시 능선을 따라 동쪽으로 칠보산 정상을 향해 출발하였다. 유금사라고 표시해 놓은 안내판에 정상까지 600m라고 적혀 있고, 산 아래 유금사까지 1.2km라고 표시되어 있는 것을 보면 유금사 방향으로 올라왔으면 얼마 되지 않는 길임을 알 수가 있었다. 그러나 산을 오르는 것은 정상을 얼마나 빨리 올라가는가 하는 것이 전부는 아니다. 푸근하게 감싸주는 산의 정기와 마음을 편안하고 넉넉하게 감싸주는 숲길이 주는 평화로움을 함께 느낄 수 있어 천천히 오르는 산행도 좋다.

능선을 넘어 한참을 지나가는 길에 잘 자란 소나무 숲속의 그늘 아래 이제 막 움이 터서 자라고 있는 잣나무 치묘를 보았다. 그늘이 진 곳에서 싱싱하게 자라고 있는 모습이 보기에 좋았다. 내 서재에 걸려있는 '송무백열(松茂栢悅)'이라는 말이 생각이 났다. 서로 도움을 주는 친구지간을 말하는 사자성어라고 한다. 우정에 대한 사자성어를 찾으면 두터운 우정으로 늘 한결같은 친구를 단금지계(斷金之契), 마음 속 깊이 생각하는 친구를 백아절현(伯牙絶絃)이라 한다. 단금지계(斷金之契)란 『역경(易經)』「계사전(繫辭傳)」상(上)에 "二人同心 其利斷金 同心之言 其臭如蘭(두 사람의 마음이 같으니 그 예리함이 금석을 자를 수 있고, 같은 마음에서 나오는 말은 그 향기가 난과 같다)"라 한 데서 나온 말이다. 또한

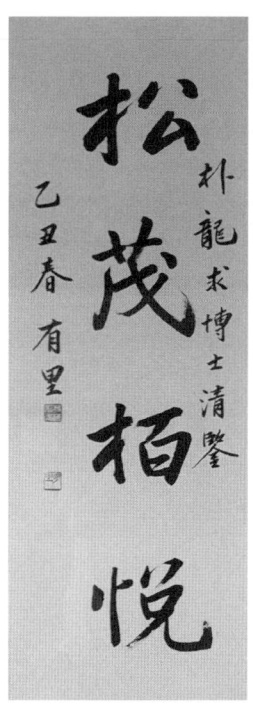

송무백열 족자▲

백아절현은 『열자(列子)』의 「탕문편(湯問篇)」에 나오는 이야기이다. 춘추전국시대 진(晉)나라에서 고관을 지낸 거문고의 달인 백아가 있었는데 백아에게는 자신의 음악을 정확하게 이해하는 절친한 친구 종자기(鐘子期)가 있어 같이 거문고를 즐겼다. 그런 종자기의 죽음을 듣고 거문고 줄을 끊고 음악을 연주하지 않았다는 백아의 우정을 나타낸 말이다.

그런데 송무백열(松茂栢悅)이라는 말의 뜻은 서로 도움을 주는 친구 사이를 나타내는 말이라고 짧게 설명하고 있다. 소나무가 무성하면 잣나무가 좋아한다. 이 백(栢)자가 측백나무 백자, 또는 잣나무 백자이다. 여기서는 잣나무 백(栢)자로 해석하는 것이 그 뜻에

▲ 칠보산 산행 중

바람직하다고 생각한다. 소나무와 잣나무의 생태적인 특성을 그대로 나타내고 있기 때문이다. 잣나무는 어릴 때는 음수의 특성을 가지고 있어서 소나무 그늘 밑에서도 발아하여 잘 자랄 수 있다. 그러나 소나무는 양수이기 때문에 다른 나무 그늘 밑에서는 발아가 되더라도 성장을 할 수가 없다. 이러한 잣나무는 나이가 들어가면서 양수로 되어 태양을 향해 쭉쭉 뻗어 올라간다. 어릴 적에 음수에서 나이가 들면서 양수로 변해가는 잣나무는 적응력이 뛰어나다고 할 수가 있다. 이와 같은 잣나무는 소나무가 무성하면 그 소나무 그늘 아래서 잘 자랄 수 있어서 송무백열이라는 말이 생겨났다. 매우 생태학적인 사자성어라고 할 수가 있다.

숲은 수많은 생물들이 더불어 살아가는 지혜를 가지고 있다. 이러한 생물 간의 상호작용은 경쟁과 알레로파시 관계가 있다. 경쟁은 햇볕이나 물, 공간이나 양료와 같은 것에 대한 쟁탈이며 알레로파시는 이러한 환경적 경쟁 인자와는 달리 생물이 자기방어기작으로 수

용성 특수물질이나 휘발성 물질을 생산해내는 것이다. 어떤 학자는 일본학자들이 번역한 타감작용(他感作用)으로 사용하고 있으나 우리나라 알레로파시 학회에서는 적절하지 못한 번역으로 보고 원어 그대로 '알레로파시'로 사용하고 있다. 많은 미생물과 식물 그리고 동물들이 모여 함께 살아가고 있는 숲은 이러한 알레로파시의 '향연장'이라고 할 수가 있다. 서로 억제하는 관계를 가지고 있는 종이 있는가 하면 서로 도움을 주는 종이 있으며 아무런 관계가 없는 종들도 있다. 또 어떤 종들은 다른 종과의 관계뿐만 아니라 같은 종내에서도 알레로파시 관계를 가지고 있는 것이 있다. 편백나무숲에 가면 많은 치수가 카펫트처럼 발아하여 무수하게 올라오지만 얼마 지나 보면 치수의 대부분이 고사하고 만다. 그 이유 중에 하나가 같은 나무 자체에서 치수를 죽이는 알레로파시 물질을 분비하기 때문이다. 이러한 물질이 '히노키시톨'이라고 밝혀졌으며 최근에 이 물질만 분리하여 시판되고 있다. 이러한 물질은 나무 생장이 왕성할수록 많이 발생하기 때문에 생장이 왕성한 나무 아래서는 대부분의 치수가 고사하지만 나이가 들어 활력이 줄어드는 나무에서는 그 물질양이 적어지면서 치수생장도 좋아지게 된다. 또 다른 예로 과수원에서 복숭아나무를 잘라내고 그 자리에 다시 복숭아를 심으면 잘 자라지 않아 연작피해로 보고된 적이 있다. 그러나 그것은 복숭아나무 뿌리에서 '아미그다린'이라는 알레로파시 물질이 분비되기 때문인 것으로 밝혀졌다. 이러한 물질의 피해를 줄이기 위해서는 과수원 밭을 갈아 엎어서 일이년 묵혔다가 복숭아나무를 심으면 된다. 이처럼 복숭아과수원이나 인삼밭처럼 그동안 연작 피해로 생각되어 온 것들 중에 최근 연구에 의해 알레로파시 때문에 생겨난 것임이 밝혀진 것들이 상당히 많이 있다.

숲은 스스로의 힘으로 다음 세대를 생산하여 지속가능한 숲을 만들어가는 능력을 가지고 있다. 산림과학에서는 이러한 능력을 활용한 갱신법을 천연하종갱신기술이라고 한다. 스스로 자라서 차대를 만들고 지속적인 생산이 가능한 산림이야 말로 건강한 자연림이다. 이러한 자연림 조성에 알레로파시에 대한 연구도 큰 도움이 될 것이다.

숲속에 이제 막 새싹이 돋아나온 잣나무 어린 묘를 보고 송무백열을 생각하면서 다시 발길을 옮겨 칠보산 정상에 도착하였다. 해발 810m, 그렇게 높은 산은 아니지만 바로 아래쪽으로 동해의 고래불 해수욕장이 내려다보이는 숲과 바다의 아름다움을 한 곳에서 볼 수 있는 명산이다. 정상에 작은 표지석이 있고 그 앞에 잘생긴 소나무 한 그루가 정상에 도착한 이들을 반겼다. 깊은 숨을 들이 내쉬면서 몸속에 묻혀있는 도심의 찌꺼기와 세속의 오염을 밖으로 내 보내면서 땀에 젖은 몸을 식혔다.

왔던 길을 다시 돌아 내려오니 오후 1시가 되었다. 아침 9시 40분에 시작한 산행이 거의 3시간 반이 걸린 셈이다. 땀에 젖은 몸을 자연휴양림 안에 있는 샤워장에서 씻어내니 몸과 마음이 산뜻해졌다. 오래된 산 친구들과 같이 한 산행은 즐거운 추억을 만들어 주었다.

궁산을 오르다

　궁산(弓山)은 금호강변 강창역 맞은편에 오롯이 솟아 계명대학교를 감싸고 있는 나지막한 산이다. 오늘은 오랜만에 도심 가운데 궁산을 오르기로 했다. 강창교 옆에서 궁산으로 올라가는 산길로 접어들자마자 이락서당이 자리잡고 있다. 부슬비가 내려 시야가 멀리 보이지 않으나 풍광이 매우 좋은 곳에 세워놓은 서당이다. 아래는 금호강이 흐르고, 금호강 쪽 산 능선은 높은 절벽을 이루고 있다. 멀리 눈을 들면 남쪽으로 앞산과 비슬산이, 그리고 남서쪽으로는 해인사가 있는 가야산 방향이지만 오늘은 안개비로 감을 잡을 뿐이다. 강창교 바로 건너에 대실역이 있고 그곳에서 조금만 앞쪽으로 돌아나가면 강창 고령댐이 나오는 곳이다. 서쪽 다사에는 높은 아파트들이 숲을 이루고 있다.

　이락서당(伊洛書堂)은 한강 정구와 그 문인인 낙제 서상원의 강학소로 두 분을 추모하기 위해 세운 서당이다.
　금호강과 낙강이 만나는 이 지역은 고려시대부터 세곡을 모으는 강창이 있었으며 그래 이곳 이름이 강창이 된 것이다. 지금은 주변이 아파트나 고층 건물로 둘러싸여 있어서 자연미가 많이 훼손되었으나 이런 인공물들이 세워지기 전에 매우 아름다운 풍광이었음을 느낄 수가 있다. 서거정의 대구 10경 중 첫수가 「금호범주(琴湖泛舟)」이다.

琴湖淸淺泛蘭舟
取次閑行近白鷗
盡醉月明回棹去
風流不必五湖遊

금호의 맑고 얕은 곳에 목란 배를 띄우고
차츰차츰 한가로이 백구 곁으로 다가가네.
달 밝은 밤 한껏 취해 노 저어 되돌아가니
반드시 오호에 노닌 것만 풍류가 아니로다.

　보슬비가 우산을 쓰기에도 그럴 정도로 약간씩 내린다. 주변에 아파트가 많아 궁산을 운동삼아 걷는 사람들이 많았다. 산길을 오르기 쉽도록 계단과 목책을 만들어 놓았다. 우산을 가지고 간 사람도 그냥 잔비를 맞으며 오른다.
　이락서당 뒤편에 강쪽으로 높은 낭떠러지가 있고 그곳에는 '배꼽덤이'라는 간판이 세워져 있다. 이곳에서 청상과부가 삶을 버리고 강으로 떨어졌는데 중간에 있는 나무에 배꼽이 걸려 죽었다는 전설이 있는 곳이라고 적혀 있다. 배꼽이 걸려 살았다면 이야기될 터인데 죽었다는데 그곳을 기념할만한 곳이 될 것 같지 않다는 생각이 들었다. 조금 올라오다 보면 '노는 바위'라는 간판이 붙여 있는데 옛날에 선녀들이 이곳에 내려와 목욕하면서 놀던 곳인데 사람들의 눈에 띤 후로는 선녀들이 오지 않는 바위라고 하여 이름 지었다고 적혀있다.

낙재 서상원 묘소 ▲

　궁산은 높이가 250m정도이지만 오르는 길이 가파른 곳이 두세 곳이 되어 한참을 올라가기 힘이 들었다. 중간에 벤치가 있는 곳에서 휴식을 취했다. 지난달 송년회 때 저녁을 낸 H교수가 이번에는 따뜻한 커피와 떡을 가지고 모두 즐거운 휴식시간을 가질 수 있었다. 금호강 줄기는 뒤로 멀리 돌아나가고 산 너머는 세천공업단지가 눈에 들어온다. 즐거운 휴식을 취했다. 다들 그동안 미루어놓은 이야기를 주고받는다. 대부분이 건강에 대한 이야기들이다. 이제 마지막 경사 코스를 오른다. 마침 길옆에 청미래 덩굴의 빨간 열매가 비를 머금고 주변의 푸른 잎들이 다 누렇게 떠있어 더욱 눈에 선명하게 들어온다. 청미래 덩굴의 열매만 보면 시집간 동생에게 병문안하고 돌아오는 산길에서 만나 그 애틋한 마음을 시에 담은 L박사님의 「청미래 덩굴」이라는 시가 생각이 난다. 가난해서 일찍 시집을 보낸 누이동생, 몸이 아파 생활고에 견디지 못하고 일찍 세상을 떠나버린 동생 생각이 청미래 덩굴의 빨간 열매만 보면 생각났다고 했다.
　드디어 궁산 정상에 올랐다. 궁산이란 산 모양이 활모양을 닮았다고 하여 지어진 이름이라고 한다.

궁산은 그리 높지 않은 산이므로 중간 중간에 약간 경사진 곳이 있지만 걷기도 어렵지도 않고 수월하게 올라올 수 있는 도심에 산이어서 이곳에 운동하기 좋은 곳처럼 보인다. 잠시 휴식을 취하고 계명대학교 기숙사 쪽을 내려가기로 한다. 정상 바로 옆에는 이곳이 아주 옛날에 도요지였다는 표지판이 있다. 신당동 요지는 궁산의 동남쪽에 위치하는데 1981년 5월 계명대학교에서 삼국시대의 토기 요지로 판단하였다는 표지석이다.

조금 아래로 내려가니 잘 가꾸어 놓은 묘소가 보인다. 비문에 적혀있는 것이 올라올 때 보았던 이락서당에 모셔진 낙제 서상원의 묘소였다. 아주 잘 다듬어지는 손길에 후손들의 존경과 사랑하는 마음이 느껴졌다.

내려오는 길에 같이 간 동료 교수가 신라의 3최에 대한 이야길 재미있게 해주었다. 고려 때 최씨들의 활약이 대단했으나 조선시대는 달성 서씨의 진출이 매우 활발했다. 이는 고려 우왕을 대구 서씨가 사살하여 이성계에게 신임을 받은 후 줄곧 좋은 벼슬길을 얻을 수 있었기 때문이라고 고려사의 대사학자 C 교수가 결론을 지었다. 어느 역사를 보더라도 그저 먹는 법이 없는 것 같다. 베푼 만큼 받아간다는 철칙이 있는 것같이 느껴졌다.

아침 10시에 시작한 산행이 천천히 쉬면서 한 바퀴 돌아 나오니 점심시간이 되었다. 학교 옆 원룸촌을 지나오다 보니 옛날 연탄으로 뼈다귀 감자탕 선전이 붙어있는 만복이네 감자탕에 들어가서 점심을 먹었다. 장사가 잘되는지 그리 크지 않은 식당 안에 사람들이 꽉 차 있다. 자리가 나길 기다려 뼈다귀 감자탕을 맛있게 먹었다.

아침에 보슬비가 내리던 날씨는 오후가 되니 푸른 하늘이 보이면서 개이기 시작하였다. 가까운 도심 내의 궁산을 동료들과 함께 즐거운 산행을 마치고 돌아오는 길은 행복이었다.

대프리카와 팔공폭포

대구는 덥기로 전국적으로 유명한 곳이다. 그러니 오죽하면 대프리카라는 말까지 생겨났을까? 이러한 대구가 최근 일기예보에서는 최고 더운 곳을 다른 곳으로 내주고 있다. 왜, 그럴까? 여러 가지 이유를 대기도 하지만 그래도 2대 대구직할시장을 지낸 이상희 전 산림청장 덕분이라고 하는 사람들이 많다. 1982년 5월 3일에 부임하여 1985년 2월 20일까지 거의 3년에 걸친 대구시행정을 이끌어 가면서 내건 공약이 밝은 거리, 푸른 도시, 복지 건설이었다. 이중 '푸른 도시 가꾸기'를 적극적으로 추진하여 향토고유수종인 귀룽나무나 이팝나무를 가로수로 심어 다양한 가로수 길을 만들었고, 시내에 산재되어 있는 짜투리 시유지에 나무를 심고 가꾸어 도심 내 소공원을 여러 곳에 조성하였다.

250만명이 넘게 사는 대도시 바로 가까이에 아름다운 팔공산이 자리잡고 있다. 1000m가 넘는 준봉이 계속 이어져 있으며 그 길이가 42km에 달하니 100리가 넘는다. 이러한 팔공산에 순환도로를 계획을 세워 대구시민들이 편안하게 팔공 거봉을 가까이 할 수 있게 해주었다. 이와 같은 노력으로 대구가 무더위에서 벗어 날 수 있

85

▲ 팔공폭포

었다고도 하니 어찌 이상희 전 시장에게 감사를 드리지 않을 수 있겠는가?

대구는 사람이 살기 좋은 길지(吉地)이다. 그것은 팔공의 긴 준령이 북쪽을 막고 있고 남쪽에는 비슬산 줄기가 앞산까지 흘러 내려 아늑한 분지를 조성하여 천재지변이 거의 없는 자연조건을 만들어 주고 있기 때문이다.

대구의 팔공산에는 동화사, 파계사, 은해사, 부인사와 같은 큰 고찰이 있고 골골이 자리를 잡고 있는 암자도 많다. 산봉우리도 천왕봉, 비로봉, 연화봉, 동봉, 서봉, 갓바위 등이 있는데 산고수장(山高水長)이라고 했던가? 부계 치산계곡에 팔공폭포가 시원한 물줄기를 쏟아내고 있다.

마침 8월 무더위가 극에 이를 즈음 비가 많지 않은 대구 하늘에 비가 엄청 쏟아져 내린 바로 그 다음날 치산계곡에 있는 팔공폭포를 찾아 나섰다. 군위군 부계면에서 치산계곡으로 들어가면 수도사라는 단아한 절을 만나고 계곡을 따라 1km쯤 올라가면 길 옆에 팔공폭포라는 표지판이 나온다. 나무로 만든 목책길을 올라서 내려가면 바로 팔공폭포가 눈에 들어온다.

이곳에 망폭정이라는 정자가 있는데 그 정자 기둥 사이로 팔공폭포의 비단 같은 흰 물줄기가 쏟아져 내리고 있다. 오늘의 팔공폭포는 간밤에 많은 비가 내려 예전에 보았던 모습과 달랐다. 삼단으로

망폭정 뒷쪽으로 팔공폭포가 보인다. 정자 안에는 5수의 시판이 걸려 있다. ▲

흘러내리는 폭포는 오늘 때를 만난 듯이 우레 같은 뇌성벽력을 내면서 새 하얀 물줄기를 기세 좋게 쏟아 내리고 있다. 총연장 60m, 높이 30m, 폭 20m인 삼단 폭포는 어제 내린 비 때문에 제철을 맞난 것 같이 신이 났다. 한동안 그 폭포수 앞에 서서 무덥고 견디기 힘들었던 열대야의 기억을 말끔히 지워 버릴 수가 있었다. 이 8월에 시원한 상쾌함과 푸르름으로 뒤덮인 산과 물이 꽉 찬 계곡의 풍광은 그대로 한여름의 더위를 씻어준다.

폭포에 대한 시라고 하면 이백(李白, 701~761)의 「망여산폭포(望廬山瀑布)」를 그냥 지내갈 수가 없을 것이다. 우리가 배웠던 중고등학교 한문 교과서에 실렸던 '飛流直下三千尺' 시구가 지금도 기억이 남아있기 때문이다.

  日照香爐生紫煙
  遙看瀑布掛長川
  飛流直下三千尺
  疑是銀河落九天

  햇빛이 향로봉을 비추니 자주빛 안개가 일어나고
  멀리서 폭포 바라보니 긴 강을 하늘에 걸쳐 놓은 듯 하네.
  날아 바로 떨어지는 물이 삼천척이나 되니
  하늘에서 은하수가 쏟아져 내리는 것 같네.

 이백이 56살에 지었다는 이 시는 너무 과장이 심하다고 비평하는 사람도 있으나 아침햇살에 자색 안개 낀 산봉우리에서 폭포가 떨어지는 모습이 마치 긴 강을 하늘에 걸쳐 놓은 것 같다고 하고, 쏟아져 내리는 폭포수가 가히 삼천 자가 되니 하늘의 은하수가 땅 위로 곤두박질쳐 떨어져 내린 것 같다고 하였다. 시선(詩仙)이 아니고서야 이 같이 아름다운 풍광을 어찌 이렇게 현란하고 장대하게 표현할 수 있었겠는가? 과장이 심하다고 할 것이 아니라 이백의 깊은 시심에 감동할 수밖에 없다.

 조선시대 영천의 선비 권익구(權益九, 1662~1722)는 1699년 친구 네 명과 함께 팔공산을 두루 돌면서 팔공십경을 정하고 각 풍경마다 다섯수의 시를 남겼다. 그중 팔공폭포를 노래한 「망폭대(望瀑臺)」 시가 이 망폭정에 걸려있다.

  玉屑分懸散白波
  銀缸如帶一條河
  登臨如識臺名美
  太守當年好事多

  옥가루 나뉘어 걸려 흰 물보라 흩뜨리는데

은빛 항아리에서 한 줄기 강물이 쏟아져 내리는 것과 같네.
올라가 보니 대 이름 아름다운 줄 알겠으니
우리 태수의 올해는 좋은 일 많으리라.

이 시의 마지막 구가 아부성 시구 같아 흥이 떨어지기는 하나 같이 한 네 명의 차운시는 신명나게 지어졌다. 이들의 시를 전부 기록했으면 좋을 터인데 차운(次韻) 시구만 실었다.

다음 네 명의 운자(韻字)도 권익구와 같은 가운(歌韻)으로 정민장(丁敏章)은 "飛流直下怳銀河(나르는 물의 똑바로 내려옴은 은하수와도 같구나)"하였고, 이담로(李聃老)는 "靑天疑却落明河(푸른 하늘에서 흡사 밝은 은하수가 떨어지는 듯 하다)"고 하였다. 또한 하성징(河聖徵)은 "疑是靑天倒白河(이는 푸른 하늘의 흰 은하수가 거꾸로 된 듯하다)고 했고, 권치중(權致中)는 "時如李白咏銀河(이백이 은하수 읊을 때와 같네)"라고 하였다.

팔공폭포의 아름다움은 그때나 지금이나 한결같이 변함없으니 400년 전의 선비들의 시를 여기서 만나 이백의 「망여산폭포」의 시구에 대한 감회가 새로워져 대프리카의 무더운 한여름에 큰 위안이 되었다.

가을산 초례봉

청명한 가을날 아침에 초례봉을 향했다. 숲과 문화를 같이 공부하고 있는 십여 분과 같이 길을 나섰다. 엊그제 내린 가을비로 낙엽이 쌓인 숲길은 밟은 발자국마다 상큼한 낙엽 향기가 함께 묻혀 속세의 냄새를 말끔히 지워주는 것 같았다. 임도를 만드는 공사 차량이 들어가기 쉽도록 평소에는 잠겨놓은 초례봉으로 올라가는 경대 학술림 문이 열려져 있다.

초례봉으로 올라가기 위해서 임도를 따라 잠깐 올라가다가 왼쪽 산허리 오솔길로 들어서야 한다. 초례봉 등산길은 여러 곳으로 이어져 있으나 매여동에서 올라가는 길이 2.0km로 가장 짧지만 그 대신 경사가 좀 심한 편이다. 빨리 걸으면 2시간이면 645.7m 정상까지 갔다가 내려온다고 하는데 우리 팀의 행보 속도로는 상당히 시간이 늦추어 잡아야 할 것 같다. 들어가는 입구에 학교림에 대한 설명문이 붙어있고 등산길에는 둥근 목재로 계단을 만들어 놓아 크게 힘들지 않고 올라 갈 수 있다.

양쪽 숲길은 리기테다소나무가 집단으로 심어진 곳으로 이들 숲 속에 있는 나무를 자세히 들여다보면 리기다소나무처럼 맹아가 많이 나 있어 그리 성장이 좋지 않는 나무가 있는 가하면 테다소나무처럼 쭉쭉 하늘로 뻗어 올라간 키도 크고 나무둥치도 살이 찐 것들도 섞여있다. 리기다소나무는 1950년대 미국 프레스빌에 있는 미국 임목육종연구소에 현신규 박사가 리기다소나무 암꽃에 테다소나무 수꽃을 인공으로 교배시켜 만든 일대 잡종이다. 생장이 좋고 우리나라 기후에도 적응을 하여 1970년대 치산녹화 10대 조림수종으로 선정되어 전국 산지에 상당히 많은 묘목을 식재하였다. 이들 일대 잡종 종자는 같은 형제들이지만 생장 차이가 대단하다. 그러므로 일대 잡종에서 다시 선발을 하여 리기테다소나무 2대 잡종을 만드는 작업이 꾸준히 이어져서 더욱 좋은 품종이 만들어졌어야 하는데 이제는 산이 푸르게 녹화가 되었다고 하여 임목육종 사업이 더 이상 진전되고 있지 않아 가슴이 답답하다.

산의 일은 국가백년 대계사업이라고 말은 하면서도 실행에 있어서는 언제나 뒷전인가 보다. 나라를 경영하는 사람은 두루 살피어 모든 분야가 다 같이 뒤지지 않고 앞으로 나갈 수 있도록 잘 꾸려나갈 수 있는 능력을 가져야 할 터인데……. 하염없이 영양가 없는 생각을 하다가 다시 깨끗하고 맑은 숲속의 공기를 가슴속 깊이 들여 마셔 본다. 역시 상큼하고 시원해서 좋다.

가는 숲길에 원목으로 만든 평상에 걸터앉아 조금 늦은 단원들을 기다리며 그동안 밀렸던 이야기를 나누니 답답했던 도심 생활의 찌든 마음이 일순에 풀려 나가는 것 같다. 강의실에서 배웠던 Edward Wilson 박사가 주장한 Bio-Philla이론 "인간의 유전자 속에 자연을 사랑하고 의존하려는 인자가 각인되어 있어 인간은 자연과 함께 교류할 때 비로소 참된 인간성의 구현이 가능하다"에 의해 숲치유, 산림치유의 효과가 술술 나오는 것 같다. 뒷사람들이 도착하니 다 같이 기념사진을 한 장 찍고 다시 일어서 산을 오른다. 경사가 심한 길을 3~4분 올라가면 평지길이 다시 이어지고 그 길이 끝나면 다시 경사길이 이어져 우리 팀에게는 운동하기 적당한 산행길이다.

양쪽을 가파른 경사가 이어지는 숲 아래쪽 그냥 버려진 것처럼 보이는 아까시나무들이 고사 직전에 이르고 있다. 오랫동안 같은 장소에서 얕은 뿌리에 의존해 살아온 아까시나무들이 주변의 향토수종과의 경쟁에서 점점 밀려나고 있는 모습이 역력하다. 사방사업, 연료림 조성사업 등으로 60년대 말~70년대 초에 대대적으로 파종 조림되었던 아까시나무가 37만 헥터라고 하였는데 1990년대부터 줄어들기 시작하여 2000년대부터 병해충으로 급격하게 줄어들어 이제는 5~7만 헥터 밖에 남아있지 않다. 좋은 품종을 만들어 잘 가꾸었다면 아주 우수한 목재 자원이 되었을 아까시나무가 사방이 끝나고 연료림으로 쓰지 않는다고 천덕꾸러기가 되고 말았다. 아까시나무가 우리나라 산림녹화에 얼마나 공이 큰 것인가를 아는 사람들은 조강지처를 버리는 것 같은 안타까움을 감출 수 없다고 말한다. 산림녹화를 이룩한 다음 밀원으로 역할을 다하여 양봉농가들을 먹여살려왔는데 이제는 그 역할도 제대로 할 수가 없게 되어버린 것 같아 안타깝다.

다시 잘 만들어 놓은 숲 길가 평상에서 땀을 식히고 왼쪽 먼 산 능선에 가느다란 안테나가 솟아 있는 것처럼 보이는 팔공의 비로봉을 바라본다. 바로 옆 동봉, 그리고 그 아래 서봉이 함께 모여 팔공의 웅장한 모습을 보여주고 있다.

팔공은 대구의 명산이다. 초례봉부터 시작하여 환성산, 갓바위를 거쳐 가산산성 끝까지 42km에 이르는 백리에 달하는 능선길은 팔공을 사랑하는 사람들은 한번쯤 걸어본 길이다. 갓바위 가파른 능선에 올라 골프장 위쪽에 있는 연화봉을 어렵게 돌고 내려 동화사

폭포골까지 가면 거의 한나절이다. 거기에서 염불암 뒤 암벽을 타고 넘어 크고 작은 바위를 오르고 내려 동봉을 거쳐 서봉이 가까워지면 하루해가 다 넘어간다. 서봉에서 한티를 거쳐 길고 긴 능선을 내려 가산에 도착하면 다음날 떠오른 해가 다시 서산에 지니 팔공 능선을 타는 일은 이틀 산행길이 된다. 멀리서 팔공의 아름다운 능선을 보면서 고개를 돌리니 바로 눈앞에 초례봉 정상이 눈에 들어온다. 초례봉 봉우리에는 우리 보다 먼저 올라간 등산객들이 여러 명 보이는데 아마 안심 쪽에서 올라온 사람들일 것이다.

　가파른 바위 능선길에 곳곳이 길고 짧은 로프가 매달려 있고 이것을 잡고 올라가느라고 구슬땀이 흘러내린다. 고소공포증이 있는 한 단원은 오르는 것이 매우 버거워 보였으나 잘 참고 올라간다. 같이 가는 사람들에게 걱정을 끼치지 않으려는 모습이 역력하다. 로프를 타고 숨을 참고 올라가니 크고 우람한 바위가 눈앞에 나타난다. 관음보살을 닮은 것 같아 관음암이라 이름을 붙인다.

　그래도 전원 무사히 서너 번의 로프웨이를 어렵게 거쳐 올라가 비좁은 초례봉 정상(645.7m)에 도착한다. 왼편 하양 쪽에는 문천지 저수지와 대구대학교가 내려다보이고 바로 맞은 편 아득한 곳에 월드컵 경기장의 하얀 조개껍질을 양쪽으로 벌려 얹어 놓은 것 같은 경기장 지붕이 보인다. 영남대학을 찾아보았으나 랜드 마크인 20층 건물이 눈에 들어오지 않아 방향만 가늠해 본다. 신서동 혁신신도시 건설현장이 한눈에 들어오고 바로 아래 매여동 마을, 그 뒤로 팔공댐, 그 넘어 송림사 산능선, 다시 오른쪽으로 눈을 돌리니 파도처럼 이어져 있는 팔공의 능선이 한눈에 들어온다.

　초례봉 정상 바위틈에 단단한 뿌리를 박고 키를 낮추어 산꼭대기의 매서운 바람을 견디어 살고 있는 팽나무의 적응력이 대단해 보인다. 내려가는 길을 걱정하는 단원들의 마음을 안심시키며 다시 산

▲ 지식과 체험의 숲 전경

길을 내려온다. 올라갈 때보다 내려오는 산길이 더욱 힘들고 어렵다. 로프를 타고 엉덩방아를 찧으며 내려오다가 도중에 다 같이 잠시 숨을 고른다. 각자 가져온 작은 먹거리를 내어 놓고 즐거운 먹자타임을 가진다. 그리고 차와 커피를 마시며 이제 웨딩드레스를 입은 새 신부같이 아름답게 단풍으로 치장하려는 산의 정취를 온몸으로 느껴 본다.

어제가 음력 9월 9일 중구(重九)라고 하며 당나라 왕유의 시「九月九日憶山東兄弟」를 반농 선생이 읊어준다. 칠언절구 첫 구가 떠오르지 않는다고 하면서 산에서 내려가면 생각이 날 것이니 그때 써주겠다고 한다. 나무와 숲, 그리고 멀고 가까운 초가을의 단풍을 보면서 밟으면 푹신푹신한 숲길은 내려온다. 10시 정각에 올라가 내려오니 오후 2시이다. 사방댐이 있는 지식과 체험의 숲 계곡으로 내려온다. 지식과 체험의 숲이라는 타이틀이 붙여진 간판 아래는 운동기구 사용법이 잔뜩 적혀 있으나 지식과 체험의 숲에 대한 내용은 별로 적혀있지 않아 보는 사람들의 마음이 즐겁지 않았다.

2시간 코스를 3시간이 걸려 내려왔다. 쉬며 이야기하고 이야기하다 다시 풍광을 보는 여유로움과 단원들이 가져온 찰떡, 감귤, 사과, 초콜릿과 오란C, 알사탕과 아침에 사가지고 간 도너츠 등을 간식으로 충분히 먹어 기진하지 않고 풀코스를 완주하였다. 한 분도 나오되지 않고 건강한 모습으로 초례봉 난코스를 무사 귀환한 것이 무척 고맙고 감사하다.

차를 타고 내려오는 길에 초가집이라는 식당에 들어가 닭백숙에 파전과 두부로 점심 겸 저녁을 때우고 오후 4시가 다된 시간에 헤어진다. 반농 선생이 식사 시간에 산 위에서 아야기했던 대로 산에서 내려오니 왕유(王維)의 시가 떠올랐다며 써준다. 해박한 지식과 명석한 두뇌, 진지한 생활 모습, 반농이 우리 곁에 계신 것 만으로도 우리 모두는 행복하다.

  獨在異鄕 爲異客
  每逢佳節 倍思親
  遙知兄弟 登高處
  徧揷茱萸 少一人

  홀로 타향에 나그네 되어
  명절을 만나면 고향 생각 간절하다.
  형제들이 높은 곳에 올라
  산수유 꽂으며 놀 적에 한 사람 적음을 알겠지.

교실에서 책만 보고 했던 수업이 자유로운 분위기로 여러분들의 이야길 듣고 웃고 말하고 그리고 다시 듣고 웃기를 반복하니 이보다 더 좋은 보약은 없다. 다음 주 중국으로 떠나기 전에 체력 단련 훈련을 잘했다고 생각한다.

스무동이 어디인고

 알싸한 가을 아침이 간밤에 구름 낀 하늘 티 없이 말갛게 닦아 색 고운 파란 하늘을 선물한다. 하루의 첫 출발이 좋다. 당시를 가르치는 L교수의 청도 매전면에 있는 스무동 별장을 찾아 나섰다.
 대구·부산 고속도로를 달려 청도 IC에서 내려 경주 방향으로 가다가 길가에 하평리라는 간판을 조금 더 지나 산길로 오르면 스무동 가는 길이다. 깊은 골짜기 계곡 가에 오래된 느티나무가 어머니의 치마폭처럼 팔을 벌려 마을을 포근히 감싸고, 청도 명물인 반시가 푸른 하늘을 등지고 반짝반짝 가을 햇살에 익어 온 마을을 노랗게 물들이고 있었다. 마을 입구에서 왼쪽 길을 돌아 올라가니 학일산 능선을 타고 차분하게 내려앉은 작은 봉우리의 칠부 자락을 병풍삼아 황토로 지어진 L교수의 집이 한 눈에 들어온다. 잔디로 다듬어진 마당에 서서 앞을 보니 웅장하게 솟은 산봉우리와 양 옆으로 나지막하게 내려선 능선의 흐름이 어머니의 품처럼 편안함을 준다. 명당자리가 따로 없다. 서재에 앉아 책을 읽고 사색을 하기엔 금상첨화의 자리라는 생각이 들었다. 집 뒤에는 오죽으로 울타리를 만들고 대문 입구의 키다리 감나무 두서너 그루에는 노랗게 익은 반시가 옹골차게 달려있다. 느낌 좋은 한 폭의 한국화 같은 풍광이다.

은산정 돌담길 ▲

　마중 나오신 L교수님의 안내로 거실로 들어갔다. 거실 벽에는 사모님이 직접 한지공판에 새겨둔 '非先生勿入 見來客不起'라는 글씨가 눈에 들어온다. 이것은 본래는 규장각 입구에 붙여진 정조대왕의 '선생이 아니면 들어오지 말 것이며, 손님이 온다고 일어서지 말 것이다'의 글씨였다. 정조대왕이 규장각에서 공부하는 학자들의 자세를 그대로 나타낸 글을 모각(摸刻)해 둔 것이다.
　안쪽에 방이 두 개, 다락방도 두 개를 두어 책을 보관하고 부엌과 뒤쪽에 작은 창고가 있는 알뜰하게 만들어 놓은 별장 겸 서재였다. 지금부터 5년 전 대지 600여 평을 구입하여 앞쪽의 반은 제자인 J선생이 맡아 관리를 하고 있다고 했다. 집주인을 닮은 안정되고 차분한 그런 집이었다. 집에 현관이 없어 허전한 감이 들어 "이 집에 어울리는 현관을 다는 것이 어떨까요?"하고 말씀을 드렸다.

이사 오기 전에 위쪽에 있던 집에는 현관을 붙이지는 않았으나 이름이 있었는데 이 집에 붙일 현관은 아직 생각 중이라고 하였다. 내 생각으로는 '靑鶴堂'으로 하면 어떨까 생각해 보았다. 청도의 淸자를 靑으로 바꾸고, 黃鶴樓의 鶴자를 넣으면 푸른 학이 훨훨 날아오를 것 같은 그런 운치가 들었기 때문이다.

차와 과일로 목을 축이고 농부의 손길이 되어 감 따는 가을걷이 경험을 하였다. 감을 따는 아낙들은 그 옛날 추억속의 소녀가 되어 도란도란 이야기가 끝이 없다. 역시 가을의 공기와 풍광이 모두의 마음을 들뜨게 만드는 것 같다. 감나무는 가지가 약해서 예부터 감 따다가 떨어진 사람이 부지기수라고 하는데 다들 사다리에 올라가 감나무 가지에 대롱대롱 달린 감을 잘도 따 내렸다.

비닐하우스 앞 감나무에 달려있는 홍시를 따서 맛을 보니 어릴 적 외할머니가 만들어주시던 시자 생각이 났다. 나훈아가 부른 「홍시」가 생각나 나도 모르게 홍얼홍얼 콧노래로 불러 보았다.

    생각이 난다 홍시가 열리면 울 엄마가 생각이 난다.
    자장가 대신 젖가슴을 내주던 울 엄마가 생각이 난다.
    눈이 오면 눈 맞을 새라 비가 오면 비 젖을 새라
    험한 세상 넘어 질 새라 사랑땜에 울먹일 새라 그리워진다.
    홍시가 달리면 울 엄마가 그리워진다.
    눈에 넣어도 아프지 않겠다던 울 엄마가 그리워진다.

어머니에 대한 마음은 어느 누구나 다르겠는가? 홍시가 익어가는 이

가을에 한번쯤 불러 볼만하지 않는가?

　선생님이 종이 박스를 몇 개나 가져다주어 모두 많이들 따 담았다. 고생하여 지어놓은 농사를 입만 가진 학생들이 와서 죄다 망쳐놓은 것 같은 미안한 생각이 들었다. 홍시도 맛보고 감도 따고, 탐스럽게 달린 감나무 가지 하나도 꺾었다. 보고 있던 학생들이 한마디씩하며 놀린다. "나뭇가지 꺾으면 안 되는데~~." 그 말이 맞다. 하지만 견물생심을 이기지 못한 소인인 것을 어찌 할 것인가? 집에 가져 와서 서재에 걸어놓고 보니 L교수님의 '청학'이 눈에 보이는 것 같아 좋았다.

　감 따는 유희를 끝내고 마을 탐방을 떠났다. 이 마을 이름이 스무동인데 숨어있는 마을이라는 뜻에서 왔다고 한다. 큰길에서 보면 보이지 않지만 계곡 안쪽으로 돌아 들어오면 옹기종기 모여 있는 집들이 보이기 때문에 붙여진 이름이라고 한다. 스무동 길, 정다운 우리말이어서 좋았다. L교수집 마당 왼쪽 길을 따라가면 바로 동곡막걸리 사장집이 나오는데 이 마을에서 가장 좋은 집이라고 한다. 담장이 품새 좋게 치장이 되어 있고, 안마당에는 작은 정원이 만들어져 있으며 들어가는 대문에 붙은 행랑채, 안채에는 '隱山亭'이라는 현판이 걸려 있었다. 쪽마루 안쪽 방문 위에는 시를 쓴 3점의 현판이 있는데 그 첫째 판을 L교수가 설명해 주었다. 좋은 집이지만 사람의 손길이 닿지 않아 풀이 우거지고 먼지가 끼어 보기에 안타까웠다. 이 마을도 주민이 많이 살 때는 40여 호가 있었으나 지금은 20여 호, 그것도 칠순이 넘은 사람이 절반인데다 L교수는 젊은이 축에 들어간다고 하였다. 이 마을도 세월과 함께 묻혀지지 않을까하는 걱정이 앞선다.

　그 집을 나와 아래쪽 길로 내려와 개울을 건너 산 아래에 자리잡고 있는 집에 갔다. 한전에 다니다가 정년하고 직접 집을 짓고 이곳에서 사는 부부인데 전기뿐만 아니라 다른 일에도 문제가 생기면 잘 고치고 해결해주는 동네 맥가이버 같은 사람이라고 한다.

널찍하게 잘 다듬어진 잔디밭 위에는 큰 가마솥이 걸려 있다. 무슨 요리를 하는 것인가 생각했는데 캠프파이어를 할 때 사용하는 것이라고 한다. 작게 나누어 고추도 심고, 채소도 가꾸는 텃밭은 손길 닿지 않은 곳이 없다. 역시 사랑으로 가꾸어진 곳에는 생명도 살아 춤을 추는 것 같다. 작은 연못에 물이 흐르고, 위쪽 정자도 손수 만들어 더욱 정감이 가니 집 전체가 사람 냄새가 폴폴 난다.

다시 마을 위쪽으로 올라가 L교수님 친구 분으로 10여 년 전 같이 들어왔다는 Y대 교수집을 거쳐 모 방송국 H국장의 두 평짜리 별장도 구경하였다. 두 평으로 삶의 공간을 만들겠다는 생각이 기발했다.

우리나라 사람들은 유독 집에 집착을 하여 평생 동안 집을 장만하고 늘려가기 위하여 시간과 돈을 많이 투자한다. 이 마을에서 가장 좋았던 집도 가꾸지 않으니 이미 집으로서의 구실을 상실했지만, 비록 소박한 집이지만 알뜰히 정붙이고 손때 묻으면 사람 향기가 살아있는 집이 되는 것 같다. 차를 타고 들어가야 하는 넓은 정원과 커다란 집을 가진 헐리우드 스타들의 집도 두 평짜리 집의 넉넉한 품을 따라올 수 없다. 사람에게 있어 집이란 무엇일까를 생각하게 하는 동네 탐방길이었다.

마을 구경을 마치고 다시 돌아와 집 앞 마당에서 대구에서 맛있기로 유명한 대동김밥으로 점심을 먹고 후식으로 L교수가 내온 경산 포도로 입가심하는 호사를 누렸다.

덩기덕 쿵 덕쿵, 오랜만에 멍석 위에 앉아 R선생의 장구 장단에 맞추어 태평가를 배웠다.

    짜증을 내어서 무얼 하나, 성화를 가지어 무얼 하나
    속상한 일도 하도 많으니 놀기도 하면서 살아보세.

니나노 닐리리야 닐리리야 니나노 얼싸 좋아 얼씨구 좋다
벌 나비들 이리저리 훨훨 꽃을 찾아 날아든다.

학생들이 양쪽으로 갈라 앉아 국악선생의 반주와 지휘에 따라 일절을 몇 번이고 불러 본다. 고음은 역시 따라 하기가 힘이 든다.

마당 아래 감나무 사이에 심어진 대추밭에서는 동네 노부부가 장대로 두들기자 대추 떨어지는 소리가 마치 가야금 연주 같아 국악선생의 장구소리와 학생들의 멋들어진 말아 감아 올리는 노래소리와 함께 스무동 마을을 감싸 안았다. 그냥 건성으로 들어왔던 태평가인데 그 가사를 한 구절 한 구절 떼어 생각하면서 불러보니 맛이 있고 정감이 갔다. 2절의 가사는 더욱 정감이 있어 좋다.

청사초롱에 불 밝혀라 잊었던 낭군이 다시 온다.
공수래 공수거하니 아니나 노지는 못하리라.
니나노 닐니리야 닐니리야 니나노 얼싸 좋아 얼씨구 좋다.
벌 나비들 이리저리 훨훨 꽃을 찾아 날아든다.

맑고 깨끗한 가을 날씨에 수확이 풍성한 청도 매전 스무동 시골 풍광을 보고 느끼고 듣고 우리 가락을 노래 부르니 모처럼만에 사람답게 산 것 같은 여유롭고 뜻 깊은 하루였다.

정호(程顥)의 「추월(秋月)」을 읊어본다. 부제는 청학정(靑鶴亭)을 다녀와서로 정했다.

淸溪流過碧山頭
空水澄鮮一色秋
隔斷紅塵三十里
白雲紅葉共悠悠

맑은 시내 흘러서 푸른 산머리 지나니
깨끗한 하늘 맑은 물이 일색의 가을일세.
뿌연 먼지 떠나서 삼십 리를 나와 보니
흰 구름 단풍 잎새만 서로 한가롭구나.

스무동, 스무동, 스무동… . 자꾸만 머릿속에 맴돈다.
때론 혼자이고 싶고, 지치고 싫증났을 때 숨어들 수 있는 곳, 온전히 나를 받아주고 쉬어가게 하는 선물 같은 마을, 숨어있는 마을, 마음 속에 스무동 하나쯤 가지고 살아가는 것도 좋을 것 같다.

청남대의 야촌단풍

오월은 따뜻한 체온을 가진 계절이다. 새로 나온 신록은 봄햇살에 보드랍게 살랑거리고 온 산천을 가득 메운 푸르른 나무 가지의 파도는 그대로 생명의 바다와 같다. 이렇게 아름다운 오월에 청남대를 찾았다. 가는 길도 아름답고 많은 초목으로 잘 꾸며진 청남대는 걷기만 해도 마음속에 평화가 가득해지는 것 같았다.

주차장에서 메타세쿼이어가 서 있는 입구를 지나면 건물 옥상에 하늘 공원을 만들어 놓은 대통령기념관 앞으로 나온다. 여기서부터 약간 비탈진 길을 따라 올라가면 기묘하게 가꾸어 놓은 반송이 줄지어 서 있고, 그 길이 끝나는 부분에 역대 대통령들이 이곳에 와서 휴식을 하면서 국정을 보았다는 본관이 있다. 이 본관 입구는 구경하는 사람들이 많아 항상 북적이는 곳이다. 이곳에 푸른 잎이 무성한 나이가 꽤 들어 보이는 큰 단풍나무가 '야촌단풍'이라는 표지판을 붙이고 떡 하니 버티고 서서 수많은 관광객들을 맞이하고 있다.

단풍나무는 계절의 풍치를 잘 담아내는 나무로 오래전부터 조경수로 이용되어 왔으며, 한중일 3국의 시문에도 자주 등장하였다. 우

리나라에도 김영랑의 「오매, 단풍 들것네」라는 시에서도 단풍의 아름다움을 찬미하고 있다. 당나라 때 장계(張繼)의 「楓橋夜泊」에 "江楓漁火對愁眠"이라는 시구가 있으며, 두목(杜牧)의 「山行」에는 "霜葉紅於二月花"라는 구절이 나온다. 강가의 단풍나무의 붉은 잎과 고기잡이 배의 불빛을 대조시키고 있으며 서리 맞은 단풍잎이 봄에 피는 꽃보다 붉다고 노래하고 있다. 일본의 하이쿠 시인 바쇼(芭蕉)는 "尊がる 涙や染めて 散る紅葉(귀하게 여기는 눈물에 물들여지는 단풍잎)"이라고 노래하였다.

단풍나무는 세계적으로 128종이 있고, 주로 북반구 온대지방에 분포하며 그 중심지는 중국이다. 단풍나무속은 거의 대부분이 낙엽수로 잎은 손바닥 모양을 하고 있으며 열매는 두 개가 쌍으로 붙어 날개가 발달해 있는 것이 특징이다. 우리나라에는 단풍나무, 당단풍나무, 복자기나무, 복장나무, 고로쇠나무, 신나무, 산겨릅나무, 시닥나무 등이 있고, 외국에서 들여온 것으로는 중국단풍나무, 네군도단풍나무, 은단풍나무, 사탕단풍나무 등이 있다. 단풍나무속의 나무들은 대부분 아름다운 조경수종으로, 일본의 원예가들이 수많은 재배품종을 육성하였다.

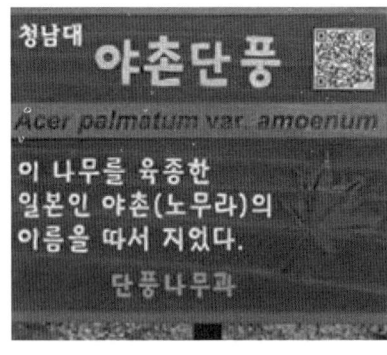

▲ 야촌단풍의 표찰. 학명도 잘못되었다.

'야촌단풍'이라고 써놓은 이름 아래는 "이 나무를 육종한 일본인 야촌(노무라)의 이름을 따서 지었다"라고 적혀 있다.

나는 이 표지판을 보고 야촌단풍이라는 이름부터 이상하다는 생각이 들었다. 아마 한문으로 된 노무라(野村)를 한글 발음대로 적은 것 아닌가? 원래 野村이라는 일본사람이 이 나무을 육종한 것이라면 '노무라단풍'이라고 불러야 마땅하다. 野村이라는 고유명사를 한글 발음대로 적어서는 안 되기 때문이다. 이런 생각하면서 집에 와서 수목도감을 뒤져 보았다.

『한국수목도감(1987, 산림청 임업연구원)』에는 야촌단풍(Acer palmatum var. speciosum Koiz) (漢)野村丹楓으로 적혀 있고, 『원색도감 한국의 수목(김태욱, 1994)』에는 홍단풍(A. palmatum var. amoenum cv.

잘못된 표찰을 달고 서 있는 단풍나무 ▲

sanguineum ; 잎이 봄에서 가을까지 붉은 것)과 야촌단풍(var. speciosum ; 잎이 4계절 푸르거나 붉은 것)이라고 기록되어 있다.

『일본庭木圖鑑(https://www.uekipedia.jp)』에는 노무라(ノムラ)라는 말은 사람 이름이 아니고 濃紫(ノムラ)라는 뜻이며, 이른 봄부터 가을까지 약간 보라색이 도는 붉은색 잎을 가지고 있기 때문에 정원에 액센트로 사용되는 경우가 많다고 하였다. 단지 지역, 또는 환경에 따라 계절마다 잎색이 변하기도 하는데 에도시대(江戶時代)부터 정원수로 사용되어온 품종이라고 쓰여 있었다.

최소한 청남대 본관 앞에 있는 '야촌단풍'이라 적은 표지판은 반드시 재고되어야한다고 생각한다. 첫째 분류기준인 잎색이 전혀 붉은 색 계통을 띄지 않고 있으며 학명도 잘못되어 있기 때문이다.

우리나라 도감이나 책에 쓰인 것처럼 노무라단풍은 그 나무를 육종한 노무라(野村)라는 사람 이름을 붙인 것인지, 아니면 노무라(濃紫)에서 나온 말인지를 그 인용문헌을 찾아 진위를 밝혀내야 할 것이다. 그리고 현재 우리나라 수목도감에 적혀있는 야촌단풍은 노무라단풍으로 원명대로 적어주는 것이 바람직하다고 생각한다.

다른 나라의 한자를 우리 발음으로 읽어 그대로 적어놓으면 대단히 큰 오류를 범하게 되는 경우가 많다. 정확하게 기억을 하지 못하지만 1960년대쯤 초등학교 교과서에 "회나무는 침엽수다"라고 적혀 있어서 임업계에서 난리가 난 후에 고쳐졌다고 한다. 회나무가 침엽수인가? 일본책에 나온대로 "檜-針葉樹"라는 구절을 그대로 한글로 적으니 檜(편백나무 회)나무가 침엽수로 표시된 것이다. 이러한 잘못과 똑 같은 잘못이 식물도감에 표시되어 있고 그것이 그대로 교육으로 이어져 있다고 한다면 임학을 전공한 모든 사람들의 수치가 될 것이다.

사실 수목 분류에 전공도 아닌 사람이 너무 큰소리를 낸 것 아닌가 걱정이 되기도 하지만 노무라단풍의 명칭에 대해 나무를 사랑하는 일반 국민들이 혼동하지 않도록 수목분류를 전공하는 연구자들이 보다 확실한 답을 해주길 기대한다.

금년 오월은 청남대의 키 큰 메타세쿼이어 숲속 긴 의자에 앉아 감미로운 음악에 맞춰 현란하게 춤추던 음악분수의 향연이 아직도 환상처럼 남아 있다.

유학산 산행기

칠곡 유학산은 한국전쟁 때 남쪽과 북쪽이 사활을 걸고 싸운 다부동전투가 일어난 곳이다. 중앙고속도로 다부IC에서 내려오면 길가에 다부동 전적기념관이 자리잡고 있다. 사활을 건 치열한 다부동전투 기록이 고스란히 전시되어 있다. 이곳에서 팔재쪽 주차장에 자동차를 대놓고 산으로 오르기 시작하였다.

다부동 전적기념관 주차장에서 도봉사까지 가파른 시멘트 포장길 700m를 걸어 올라간다. 등허리에 땀이 나고 힘이 들었으나 맑은 하늘과 짙푸른 가을 날씨가 상쾌함을 더해주었다.

도봉사 앞 마당에 가로 막고 서 있는 여인숙 같은 숙사 모습이 주변 경관과 어울리지 않고 생경해 보인다. 그러나 철제 계단을 올라가 아득한 바위 절벽 아래 다소곳이 앉아있는 대웅전과 안쪽의 종각이 아름다운 자연 경관과 잘 어울렸다. 도봉사는 한국전쟁 뒤에 세워진 절이다. 대웅전 앞 마당에 서서 멀리 왜관쪽 낙동강이 내려다 보이는 탁 트인 풍광이 아름답다, 그러나 바로 입구에 조립식 건물인 종무소 때문에 눈살이 찌푸려진다. 주변 경관 전체를 보고 그 안에 들어설 건물을 배치했더라면 유서 깊은 유학산에 걸맞는 사찰

▲ 유학정

이 되었을 것인데 보는 이의 마음이 아쉽다.

다시 가파른 산길을 타고 650여 미터 위쪽에 유학정이 있고, 바로 옆에 유학산 정상 839m 고지가 있다. 정상 고지를 빼앗으려는 피아간의 치열한 공방전이 전개되었다. 이 다부동 전선이 6.25전쟁의 전세를 결정짓는 계기가 되었다. 이 치열한 전선은 백선엽 장군의 혁혁한 공로로 승전고를 울려 대구와 부산을 지켜냈으며 풍전등화의 대한민국을 건져낸 전승지였다. 그 후 백선엽 장군은 평양을 제일 먼저 탈환했으며 그 업적으로 자유당 정부에서 32살의 나이에 육군 참모총장이 되었다.

도봉사 뒷길은 목책 등산로가 만들어져 쉽게 올라갔으나 점차 길이 좁아지고 바위길로 되어 한걸음, 한걸음이 쉬엄쉬엄 올라가지 않을 수 없었다. 이제 신갈나무숲이 시작이 되었는데 노란 단풍이 들기 시작하였다. 늦가을이라도 산 아래 나무들은 그대로 푸른색을 유지하고 있으나 해발 700m가 넘는 이곳은 가을 물이 들기 시작하였다. 한 일주만 지나면 아름다운 단풍이 장관을 이루리라고 생각되었다. 올라가기 어려운 울퉁불퉁한 바위길을 다들 잘도 올라간다. 그러나 나이 탓인가 뒤처지는 사람들과 함께 천천히 올라 12시가 되어서야 헬기장 위쪽에 있는 유학정(遊鶴亭)에 올랐다. 이 정자에서 6.25 순국용사들과 치열했던 유학산 전투를 떠올리며 선열들에 대한 묵념을 올렸다.

학들이 와서 놀았다는 유학정에서 내려다보는 경관은 장관이었다. 서쪽으로는 왜관과 낙동강이 내려다 보이고, 북서쪽으로는 구미가 한눈에 들어왔다. 동쪽으로 군위 들판들이 추수를 앞든 황운(黃雲)이 펼쳐져 있다. 왜관에서 대구에 들어가는 다부동 길이 산 아래로 뱀처럼 길게 휘감아 돌아 나 있어 이곳이 대구로 들어가는 유일한 방어진지임을 알 수가 있었다.

우리나라 어디에나 정자가 많다. 정자 위에 올라가면 많은 문인들의 자취가 남아 있으나 유학정은 덩그렇게 시멘트로 지어져 시판 하나도 걸려 있지 않았다. 전쟁의 피해가 너무나 깊은 탓 때문일까? 가슴에 어린 한이 너무 짙어 말과 글로 표현하지 못한 것일까? 아무 것도 없이 텅 비어 정자처럼 처량한 것도 없다.

그러나 전쟁 이전에는 이곳의 풍광은 장관이었을 터인데 분명 누군가가 이 좋은 경치에 찬사를 보내지 않았을까? 그렇지 권호문(1532~1587)의 『송암집』에 「遊鶴山韻」 시가 있다. 지금은 싸움터 이야기 뿐이지만 그 옛날 그 시절에 유학의 경치는 수려했음이 이 시속에 손에 잡힐 듯 그려져 있다.

   長嘯雲端步碧空
   一聲分落萬林風
   胸中不點塵埃氣
   當作儒仙萬古雄

긴 시를 읊조리며 구름 끝 푸른 하늘 걷는데
큰 소리 산산이 떨어져 온 숲에는 바람부는구나.
내 마음 세속의 먼지에 조금도 더럽혀지지 않았으니
마땅히 신선되어 만고에 영원하리라.

　일행 모두가 배가 약간 고팠으나 아직은 에너지가 넘치는 모습들이다. 이곳에서 4.5km 떨어진 다부동 주차장까지 가야 한다. 하산 길은 내리막이라 쉬우리라 생각했으나 내 생각은 여지없이 부서지고 말았다. 도중에 올라갔다 내려갔다를 몇 번 반복하며 서너 개의 봉우리를 지나야하는 역경이 있었기 때문이다.
　배가 고픈데 조금 참고 더 걸어 12시 40분이 다되어 중간 지점 넓은 길 위에서 다들 모여 가져온 점심을 맛있게 먹었다. 현미잡곡밥, 완두콩밥, 김밥, 그리고 깍두기김치, 연근, 북어포 등 갖가지 반찬으로 풍성하다. 거기에 오래 동안 숙성시킨 이선생표 도라지주 한 잔, 국민주 소주도 한 병, 그 다음에 나온 후식으로 사과, 귤, 포도, 토마도, 복숭아, 조선생이 광양에서 가져왔다는 통통하게 살찐 밤, 호텔의 뷔페 못지 않았다.
　마지막으로 일회용 믹스 커피와 보온병에 담아온 따뜻한 원두커피, 나는 커피 대신 가져 간 녹차를 마셨다. 커피보다 녹차는 인기가 없었다. 녹차보다는 진한 커피맛이 대중의 마음을 쉽게 휘어잡는가 보다. 그러나 오랜 세월을 두고 생각해 보면 이 둘만의 경쟁도 그리 만만하지는 않을 것 같다는 생각이 든다. 우리나라는 거의 차가 커피에 완패한 것 같지만 전 세계적으로 보면 차의 소비가 급격히 늘고 있는 추세이다. 연전에 스타벅스 사장 하워드 슐츠가 "이제 커피의 시대는 끝나고 차의 시대가 왔다"고 선언한 바 있다.
　움직이지 않고 고정된 것이 어디 있겠는가? 알게 모르게 우리 주변의 모든 사물이 쉬지 않고 변하고 있는데, 커피와 차의 관계도 엎

치락 뒤치락 변하고 또 바뀌어 가고 있을 뿐이다.

숲은, 특히 가을의 숲은 엄숙한 분위기를 지닌다. 마음껏 잎을 펼치고 꽃을 피우며 나비와 벌을 불러들이며, 천둥과 번개, 그리고 억수로 내리는 빗줄기와 함께 생명의 무한한 향락을 즐겼던 봄과 여름을 보내고 이제 길고 긴 동면을 준비해야 하기 때문이다. 아마도 지금 초가을의 숲과 나무들은 깊은 생각에 빠져 있는 것 아닐까? 자연의 순리는 어쩔 수 없지 않겠는가. 혹독한 추위와 생존의 치열한 싸움을 끊임없이 해나가야 할 어둡고 추운 긴 겨울이 기다리고 있다. 소나무와 같은 침엽수는 입은 옷을 그대로 입고 겨울 준비를 한다. 몸속에 들어있는 물의 양을 최소한으로 줄이고 녹말을 기름으로 만들어 영하 60도의 강추위에도 살아남을 수가 있도록 철저한 준비를 한다. 활엽수들은 아예 잎을 모두 떨구고 거의 동면상태로 들어간다. 줄기나 겨울눈에서만 최소한도의 호흡을 하면서 에너지 소모를 거의 하지 않고 겨울잠을 자는 것이다. 가을숲은 단풍의 아름다운 향연 속에 소리 없는 아우성으로 숲속의 방문자들에게 긴장감을 준다. 그것은 숲이 숲에 온 사람들에게 주는 생과 사의 강렬한 메세지이다.

837고지에서 813고지로 내려왔다가 다시 836고지로 올라간다. 점심을 먹고 몸이 무거운데 다시 경사가 가파른 길을 올라가느라고 모두들 지치기 시작했다. 자꾸 얼마나 가면 다부동 전승기념관 주차장이 나오느냐고 성화다. 이쯤부터서는 "곧 바로", 아니면 "거의 코앞까지 왔다"고 같은 대답을 반복해 주어야 한다. 그것이 참말이 아닌지 알지마는 그래야 힘이 빠지지 않고 끝까지 내려올 수가 있기 때문이다. 원래 계획했던 시간은 3시 30분이라고 했으나 4시가 훨

▲ 836고지에서 다부를 바라봄

씬 넘은 시간에 마지막 674고지에 도착하였다. 이쯤에서야 일행들은 "이런 환장(환상)의 코스를 누가 안내했는지 더럽게 힘이 들어 죽겠다"고 한마디씩 던진다. 이 산행길을 계획하고 안내한 장본인이 나인데 나 또한 이 길이 처음이여서 더 할말이 없다. 그러나 이제 산행을 무사히 마침에 대한 안도와 고마움, 그리고 즐거운 시간을 보낸 것에 대한 기쁜 표현으로 받아들이며 내려왔다.

내려오는 길에 연리목(連理木)을 보았다. 연리지는 백거이(白居易)「장한가(長恨歌)」에 나오는 1500년이 넘은 이야기이다. 「장한가」의 시구 중 마지막 부분에 연리지가 나온다.

七月七日長生殿
夜半無人私語時
在天願作比翼鳥
在地願爲連理枝
天長地久有時盡
此恨綿綿無盡期

7월 7일 칠석 장생전에서
깊은 밤 남 모르게 한 약속.
하늘에서는 비익조가 되기를 원하고
땅에서는 연리지가 되기를 바란다고,
높은 하늘 넓은 땅 다할 때가 있건만
이 한은 끝없이 이어져 끊길 날 없으리라.

그 아래는 계속 내리막길이다. 그런데 이곳은 참나무류가 많다. 갈참, 굴참나무가 줄지어 서있고 그 주변에는 꿀밤이 수도 없이 흩어져 있다. 이 선생의 지휘감독으로 다들 꿀밤을 주워 모으기 시작하였다. 다리는 힘이 빠지고 허리를 구부리기에도 힘이 들지마는 지천으로 흩어진 꿀밤을 줍는 재미도 쏠쏠했다. 아마 반말까지는 되지 않으나 두, 서너 되가 될 만큼 많이 모았다.

꿀밤을 줍고 내려오는 길에 보라색이 아름다운 작은 열매가 송이송이 달린 작살나무가 보인다. 계곡주변에 비목도 보이고 그 아래는 잣나무를 조림해 놓아서 잣송이가 산길 위에 많이 떨어져 있다. 그 속에 잣이 그대로 들어있는 것을 보니 이곳에는 다람쥐 같은 소동물이 살고 있지 않는 모양이다. 산위에서 보았던 산벚나무처럼 새들이 먹고 그리고 산에 여기저기에 씨를 뿌린 것처럼 참나무류들은 꿀밤을 다람쥐가 모아 땅속에 가득 저장해 놓고는 그 장소를 찾지 못하면 꿀밤이 발아하여 천연갱신을 촉진시킨다.

수많은 식물과 동물들이 눈에 보이지 않은 자연의 신비 속에서 상부상조하면서 조화롭고 평화롭게 살아가고 있는 것이 숲이고 나무이고 그리고 이들이 모여 만들어낸 것이 자연환경이다.

　우리민족의 비극 6.25전쟁의 격전지 유학산을 둘러보았다. 아직도 그때의 상흔이 완전 치유되고 있지 않은 남북 모습을 보면서 언제쯤 우리에게도 평화의 메시지가 함께 할 것인가 생각해 본다.

3

세한의 풍경 속으로

다산의 첫 유배지

다산 정약용의 첫 유배지인 장기로 가는 길은 녹록하지만은 않았다. 오천읍에서 산업도로를 내려 장기면까지 가는 길은 좁고 꼬불꼬불하여 운전하기가 쉽지 않았다. 11시가 다 된 시간에 장기면 충효관에 도착하니 미리 연락을 해두었던 장기중학교 금낙두(琴洛斗) 이사장님이 마중을 나왔다. 충효관장과 환담을 나누고 옆방에 있는 서실에 들러 장기면 서예반 학생들을 만나보고 이층 강당으로 가서 장기면의 역사를 동영상으로 10여 분 감상하였다.

장기중학교 교정에는 우암 송시열의 기념비와 바로 곁에 있는 다산 정약용의 현대식 비석이 나란히 세워져 있다. 그 곁에 우암이 심었다는 은행나무가 있는데 원래 나무는 죽고 뿌리에서 새로 움튼 나무도 한아름이다. 학교 뒤쪽 언덕 대나무숲속에 오래된 가옥은 아무도 살지않은 폐가인데 이곳이 다산이 유배와 살았던 곳이 아닌가 추측하고 있다.

다산은 1801년 2월 17일 유배길에 올라 3월 9일 경상도 장기에 도착하였다. 장기현 마산리(현 마현리) 냇가의 성선봉(成善封) 집의 작은 방을 거처로 정하고 유배생활을 시작하였다.

▲ 다산 정약용 기념비   우암 송시열 기념비 ▲

　아무도 아는 사람이 없는 머나먼 벽촌에 유배온 다산은 무료한 시간을 학문과 시에 전념하면서 세월을 보내게 된다.
　다산의 인물됨과 재능을 아끼던 정조대왕이 머리에 난 종기를 치료하다가 2주만에 돌아가시고, 11살 먹은 순조가 보위에 오르면서 할머니 정순왕후의 수렴청정이 시작되자 세상은 어수선해진다. 모든 권력이 노론의 손으로 넘어가게 되면서 남인을 치기위해 천주교를 믿는 이는 역적의 형벌로 다스리겠다는 엄명이 내려지니 다산의 형 약종이 천주교 관련 문서와 물건 등을 안전한 곳으로 옮기다 발각된 이른바 '책롱사건(冊籠事件)'으로 촉발된 신유박해가 시작되었다. 이 사건과 연루되어 1801년 2월 다산 형제들은 모두 잡혀와 맏형 약종은 처형되었고, 나머지 형제들은 유배를 가게 된다.
　다산은 유배지 장기에서 「기성잡시」 27수, 「장기농가」 10수, 「고시」 27수 등 130여 편의 시가와 효종이 죽은 해에 효종의 복상(服喪) 문제로 일어난 서인과 남인의 예론(禮論)의 시비를 가린 「기해

방례변(己亥邦禮辨)」, 아들에게 보낸 3통의 편지글 등을 남겨 첫 유배지인 장기는 풍요로운 다산문학에 향기를 더했다. 그러나 시를 제외하고는 서울로 이송되는 과정에서 저술한 귀중한 서책이 안타깝게도 멸실되고 말았다.

다산이 남긴 「기성잡시」 27와 「장기농가」 10수를 보면 장기 주변의 생활환경이나 농가의 생활을 다산이 보고 느낀대로 한 올 거짓 없이 적어놓아 당시 변방에 사는 사람들이 속내를 알아 볼 수가 있다. 다음에 「기성잡시」 27중에서 몇 수를 옮겨본다.

樹柵家家二丈強
欄頭施罟挿長槍
問渠何苦防如許
終古鬐城壯虎狼

집집마다 두 길 넘게 울짱을 세워두고
처마 머리에 그물 치고 긴 창들을 꽂아놓았다.
왜 이다지 방비가 심하냐고 물었더니
옛부터 기성에는 범과 이리가 많아서라네.

그 당시 기성이 얼마나 먼 산골이어서 범과 이리가 많아 이곳 사람들이 울짱을 높이하고 처마 밑에 그물치고 긴 창들을 꽂아놓고 방비하며 살았는지를 알 수 있다.

飯罷須眠眠罷飢
飢來命酒爇金絲
都無一事堪銷日
隣叟時來著象棋

밥 먹고는 잠을 자고 잠을 깨면 배가 고파

119

배고프면 술 찾는데 금사주를 데우라지.
도무지 소일을 할 만한 일은 없고
이웃 영감 때로 와서 장기 두는 게 고작이야.

　귀양살이에서 가장 어려운 일중 하나가 서로 마음을 나눌 수 있는 친구가 없다는 것이다. 말을 하고 싶은 욕망이 사람들의 욕망중에 하나인데 이런 벽지에 귀양와 도대체 소일거리가 없다는 것이다. 다산은 이곳에서도 또 다시 귀양 간 강진에서도 초창기에는 외롭고 고독하긴 매 마찬가지였다.

　　休放兒童港口漁
　　怕他纏著八梢魚
　　年來膃肭逢刁踊
　　頻有京城宰相書

　　애들은 항구에 가 고기잡게 말지어다
　　여덟 발 문어에게 걸려들까 무서워야.
　　근년에는 해구신이 이상하게 값이 뛰어
　　서울에서 재상들이 서신 자주 보낸다네.

　그때나 지금이나 변함없이 돈 있고 권력 있는 자들은 해구신을 구하는데 눈에 불을 켜고 살기는 지금의 김학의나 윤중천이나 마찬가지다.

　　竹林書院馬山南
　　脩竹新楡宿雨含
　　蠟燭遙來投不受
　　村人猶說宋尤庵

마산 남쪽에 자리잡은 죽림서원
느릅나무 대나무가 궂은비 속에 있네.
멀리서 온 납촉을 줘도 받지 않으면서
그래도 마을 사람들 송우암은 들먹인다.

    장기현은 조선시대 유배지로 100여 명이 넘는 사람들이 유배을 와서 지낸 곳인데 그중에서도 우암 송시열은 4년 동안 유배생활을 하다가 거제도로 떠났다. 우암은 이곳 주민들에게 글을 가르쳐 궁벽한 바닷가 마을이 예절을 숭상하는 유향이 되게 하였으니 서울에서 귀양 온 다산에게 우암을 안다고 자랑했을 법도 하다.

鼈蝨嚌肌睡不成
吳公行壁又堪驚
須知齱齒非吾有
念此怡然順物情

살 깨무는 빈대 통에 잠을 잘 수가 없고
벽에는 또 지네가 다녀 사람을 놀라게 하지.
작은 벌레들 이빨도 내 맘대로 못하는데
그렇게 생각하고 저들 멋대로 하랄 수밖에.

    다산이 귀양 온 변방인 장기의 생활상이 얼마나 열악했을까 하는 것을 「장기농가」 10수에서 알 수가 있다.

麥嶺崎嶇似太行
天中過後始登場
誰將一椀熬青麨
分與籌司大監嘗

보릿고개 험하기 태항산 같아
단오절 지나서야 보리익기 시작하네.
어느 누가 풋보리파죽 한 사발 떠서
주사대감 맛보라고 바쳐 줄 건가?

농촌의 힘들고 괴로운 보릿고개에 백성들이 얼마나 힘들어 하는가를 읊었으며

新吐南瓜兩葉肥
夜來抽蔓絡柴扉
平生不種西瓜子
剛怕官奴惹是非

새로 심은 호박에 떡잎나서 살찌더니
밤 사이 덩굴 뻗어 사립문에 얽혔어라.
평생에 안 심을 것 맛좋은 수박인데
관노들 들어와 시비걸까 두려워서라네.

농사짓는 농작물에도 관노들이 시비를 걸까 심는 작물도 마음대로 고르지 못하는 실정을 시로 지었으며

窩葉團包麥飯吞
合同椒醬與葱根
今年比目猶難得
盡作乾鱐入縣門

상추잎에 보리밥 싸서
파, 고추장 섞어 먹세.
금년엔 넙치마져 구하기 어렵구나
잡는 족족 건어 말려 관청에 바쳤으니.

바다에서 잡은 고기마저 관가에 다 바쳐 먹고 살기 힘든 것을 피력하기도 하고

不敎黃犢入瓜田
移繫西庭碌磚邊
里正曉來穿鼻去
東萊下納始裝船

송아지 오이밭에 들어가지 못하도록
서편들 써래 옆에 옮겨 메어 두었더니,
날 샐녘 이정이 와서 코 꿰어 몰고 가고
동래 하납 화물선 이제 막 짐을 싣네.

관리의 횡포가 극심하여 밭에 메어둔 송아지를 이장이 코 꿰어 몰고 동래관가로 보내는 실정이니 이시대의 백성의 삶이 어떠했을까를 알아 볼 수가 있다.

다산은 주변의 자연과 백성들의 삶을 보면서 장기현 귀양살이를 보내고 있다가 조카사위 황사영이 작성한 백서사건의 관련 의혹으로 그해 10월 20일 서울로 다시 압송되었으니 7개월간 이곳에 머물렀던 셈이다. 서울에서 모진 고초를 겪은 후 중형인 정약전은 흑산도로, 다산은 강진으로 다시 유배의 길을 가게 되었다.

다산이 이곳 장기에서 지낸 일을 시를 통해 더듬어 보면서 장기문화관장의 안내를 받아 우암 송시열과 다산의 유적지를 둘러보았다.

이곳 지명은 신라시대 지답현(只沓縣)이었는데 고려 현종 때 장기면이 되었다가 1895년 장기군, 1914년 장기면, 1934년 지행면, 보향면으로 개칭되었다. 해방 이후 지답(只畓)으로 신청한 것이 지행(只杏)으로 잘못 기재되었다. 아마 행정당국의 한자를 잘못 기재한

것으로 보인다고 했다. 그후 지역민들이 잘못된 글자를 고치기 위해 1980년에 이의를 제기하여 장기면으로 개칭을 요구하였으나 1990년에야 장기면(長鬐面) 이름을 되찾게 되었다고 한다.

장기면은 전답이 많지 않아 그렇게 부유하지 못해 이곳 사람들은 사법고시나 행정고시에 50여 명이 합격하여 행자부장관도 나오고 장기면 출신이 국회의원이 되기도 했다고 한다. 이곳에 유배되어 온 선비는 경상도 중에서 가장 많은 100여 명이 넘는다고 했다. 그중에 유명한 사람이 송시열과 다산 정약용이다. 송시열은 4년 이상 이곳에서 유배되었고, 정약용은 220일 유배를 살았다.

초등학교를 둘러보고 금 이사님의 안내로 복원하고 있는 장기읍성을 보러 면소 뒤쪽에 복원중인 산성으로 향했다. 이곳 산성의 복원사업은 노무현 대통령 시절, 유홍준 문화재청장이 150억원의 산성 복원비를 지원받아 복원하고 있으나 정부지원이 제때 이뤄지지 않아 지지부진하여 7~80%가 진행되고 있다고 했다. 동쪽에 있는 성문을 둘러보았다. 여러 모양의 잡석들로 쌓고 있어서 복원이 적절치 못하다고 금 이사가 이야기하였다. 동네 뒤로 돌아서 서문 쪽을 둘러보았다. 이곳이 원형이 가장 잘 남아있다. 이곳은 신라 때부터 왜구의 침입이 많았고 고려 조선시대에 왜구의 침입을 지키는 좋은 장소로 이곳에 봉화대가 6곳이나 설치되어 있다고 하니 군사적으로 매우 중요한 지역임을 알 수가 있다. 눈이 와서 쌓인 성벽길은 미끄러질까봐 겁을 내면서 내려왔다. 이곳에서 멀리 보이는 남쪽바다와 내륙 쪽으로 첩첩이 둘러친 산세가 끊임없이 계속되었을 왜구의 침입을 방어하는 중요한 산성이 되었을 것으로 생각되었다. 동네 아래쪽에는 우리나라 어느 시골이나 마찬가지로 급격하게 줄어든 인구 때문에 빈집들이 보이고 생기가 없어 보였다. 그 옆에 세워진 숨을

배일대(拜日臺) ▲

죽인 향교 건물, 그리고 지금은 텅빈 밭으로 남아있는 곳에 동헌이 복원될 곳이라고 하였다.

산성을 둘러보고 향교로 자리를 옮겼다. 향교는 조선 태종 5년(1396) 마현리 교동에 처음 창건되었고, 1629년 광해군 11년에 1차 중건하였다. 1675년 숙종 1년 또다시 중건하였으며, 1769년 영조 45년 한 차례 중수를 하였다. 1785년 정조 9년 마현 구석곡(龜石谷) 현 장기초등학교 자리로 이전하였다가 1922년 현 위치인 읍내리 구 장기현 산성의 객관으로 이건하였다고 한다.

향교에서 내려오는 고갯길 바로 위쪽에 배일대(拜日臺)를 각자해 놓은 길이 1.5m, 두께 60cm 정도 되는 돌이 놓여있는데 이곳에서 보는 일출이 일품이라고 하였다.

산성 구경을 마치니 12시가 조금 넘은 시간, 비가 내리기 시작하는데 점심을 먹으러 양포로 향했다. 장기면 소재지에서 자동차로 바다 쪽으로 3km 정도 내려와 양포 앞 바닷가 구경에 나섰다. 우뚝 솟은 바위와 그 위에 서 있는 소나무가 푸른 바다의 수평선과 어울려 매력적인 풍광을 이룬 곳이다. 학교 있을 때에 경북대학교 수련원을 가려면 감포에서 이곳 양포를 거쳐 가곤하면서 눈에 익은 풍경이었다. 장기에서 흘러내려온 작은 시냇물이 바다로 들어오는 곳으로 주변에 갈매기 떼가 날고 있다. 흰 파도와 갈매기 떼의 비상이 환상적인 풍경을 만들어낸다.

식당에 들어와 아구지리를 시켜 먹고 소주도 한 잔씩한 다음 세차게 내리는 비속을 자동차로 달려서 장기초등학교 2층에 만들어 놓은 역사관에 들렀다. 학교의 역사가 100년이 되었다고 했다. 많은 인재가 이곳을 거쳐 나갔고 고향 발전을 위해 큰 도움을 주고 있다고 한다. 조촐하게 꾸며진 역사관 속에서 우리는 다산 정약용에 대한 설명문을 읽어 보았다. 충효관 소책자에 쓰인 내용과 같은 기록이 되어 있었다.

점심시간에 금 이사님과 경북대학교 농생대 임학과 1회 졸업생 김병구 박사(현 산림조합 감사) 이야기를 하였다. 같은 마을 출신들이라고 해서 더욱 반가웠다. 나는 1985년 경북대학교 제자인 김박사 집을 방문하였다. 그집 앞을 흐르는 장기천에서 잡은 은어를 맛보고 유쾌하게 보냈던 아스라한 추억이 떠올랐다. 김박사는 매사에 모자라거나 넘치지 않으며 예의바른 인성이 이곳 장기에서 이어 받았음을 알 수 있었다.

다산의 첫 유배지 장기현을 둘러보고 1800년대 장기현의 생활환경을 시를 통해 이해 할 수 있었으며 유배생활이 얼마나 어려워졌는지에 대해서도 느낄 수가 있었다.

다산초당 가는 길

　다산 정약용은 조선 후기의 문신이자 실학자로 다양한 활동을 펼쳤던 불출세의 인물이었다. 다산은 1801년 포항 장기면 마현 마을에서 7개월간 유배생활을 하다가 황사영의 백서사건에 휘말려 또다시 강진에서 18년이라는 기나 긴 유배생활을 하였다. 다산초당에 머물며 유배지였지만 초의, 추사 등 당대의 빼어난 인물들과 교류하면서 500권의 방대한 저술을 남겼다.
　다산초당은 남도의 유명한 관광지로 주변 경관이 새롭게 단장되어 하루가 다르게 변하고 있다. 대형주차장이 생기고 주차장 앞에는 다산박물관이 들어 서 있다.
　다산박물관 안에 있는 다산의 가계도를 보니 우리나라에서 처음 천주교 세례를 받은 이승훈은 다산의 매형이다. 또한 백서사건의 황사영은 큰형의 딸과 결혼하였으니 조카사위가 된다. 이러한 천주교 가계가 남인의 주류였으니 그때부터 전 집안이 노론의 세력에 의해 완전히 망해가게 되었다.
　다산박물관 구경을 마치고 산길 300m를 걸어 다산초당에 올라갔다. 얼마나 많은 사람들이 이곳을 찾아 올라갔다 내려왔는지 딱

▲ 다산초당 안내판과 다산초당 가는 길

딱하게 굳어진 산길에 나무뿌리들이 온통 흙 위로 튀어 올라와 추상화를 그려놓은 것 같은 모습이 안쓰럽기만 하다. 이 나무뿌리를 보고 그냥 지날 수 없었는지 길 한편에는 정호승 시인의「뿌리의 길」이란 시비가 서 있다. "지상의 바람과 햇볕이 간혹/어머니처럼/다정하게 치맛자락을 거머쥐고/뿌리의 눈물을 훔쳐 준다는 것을……"

어둑어둑해지는 해거름 무렵에 다산초당에 도착하였다. 본래 초가였다는 다산초당의 모습이 기와를 얹어 새롭게 보였다. 다산사경(茶山四景)인 18년 유배가 풀려 초당을 떠나며 새긴 정석(丁石), 가뭄에도 좀처럼 마르지 않는 샘물로 차를 달였다는 약천, 마당에 약탕과 찻그릇을 올려놓기도 하고 차 달이는 부뚜막인 돌판 차조, 연못 중앙에 바닷가의 돌을 쌓아 만든 연지석가산도 둘러보았다.

이곳에서 책을 쓸 때 다산은 책상에 앉아서 쓰질 못하고 시렁을 달아놓고 그 위에서 썼다고 한다. 머릿속에 생각을 받아쓰기 바빴기 때문일 것이다. 악성 베토벤이 작곡할 때 머릿속에서 들려오는 노래를 그냥 오선지에 적어 넣으면 작곡이 되었듯이 천재들은 닮은 데가 있는 모양이다.

다산은 강진에 유배되어 18년간 다산초당에 머물며 500권의 방대한 저술을 남겼다. 그 가운데『목민심서(牧民心書)』는 국록을 먹는 관리들이 지켜야 할 덕목을 적은 책이다. 목민은 백성을 잘 다스리고 기른다는 뜻이다.

　1800년 정조 대왕이 돌아가시고, 어린 나이의 순조가 왕이 되자 증조할머니 격인 영조의 계비 정순왕후의 섭정을 받게 되니 외척인 안동김씨의 세상이 되었다. 나라의 기강이 무너졌고, 매관매직이 판을 쳐 위에서 아래까지 썩기 시작하였다. 돈을 주고 벼슬을 산 벼슬아치들은 가렴주구(苛斂誅求)를 일삼아 백성의 삶은 말이 아니었다.

　그런 중에서도 가혹한 세금징수는 극에 달해 15살 이상 남자아이들에게만 부과되는 병역세인 군포가 이미 죽은 사람에게까지 과세될 뿐만 아니라 나이와 상관없이 성별을 가리지 않고 과세가 되니 백성의 삶은 한계에 달했다. 낳은지 사흘 밖에 되지 않은 어린아기에게 군포를 내라고 집안에 들어온 이정이 내지 못한 군포 대신 소를 빼앗아 가니 남편은 칼을 들고 방에 들어가 "나는 이 물건 때문에 이런 곤욕을 받는구나" 하면서 자신의 남근을 잘라 버렸다. 이를 들고 관가에 간 아내가 당한 형국을 다산이 듣고 『목민심서』에 그 원통하고 애절한 사연을 적은 시가 「애절양(哀絶陽)」이다.

　　　　蘆田少婦哭聲長
　　　　哭向縣門號穹蒼
　　　　夫征不復尙可有
　　　　自古未聞男絶陽
　　　　舅喪已縞兒未澡
　　　　三代名簽在軍保
　　　　薄言往愬虎守閽
　　　　里正咆哮牛去皁
　　　　磨刀入房血滿席
　　　　自恨生兒遭窘厄
　　　　蠶室淫刑豈有辜
　　　　閩囝去勢良亦慽
　　　　生生之理天所予

乾道成男坤道女
騸馬豶豕猶云悲
況乃生民思繼序
豪家終世奏管弦
粒米寸帛無所損
均吾赤子何厚薄
客窓重誦鳲鳩篇

갈밭마을 젊은 아낙 오래도록 통곡하네
관문 앞 달려가 통곡하다 하늘 보고 울부짖네.
출정 나간 지아비 돌아오지 못하는 일이 있다 해도
사내가 제 양물 잘랐단 소리 들어본 적 없네.
시아버지 삼년상 벌써 지났고, 갓난아이 배냇물도 안 말랐는데
이 집 삼대 이름 군적에 모두 실렸네.
관가에 호소하려 했으나 범 같은 문지기 지키고 있고
이정은 으르렁대며 외양간 소마저 끌고 갔다네.
남편이 칼 들고 들어가더니 피가 방에 흥건하네.
스스로 한탄하길 애 낳아 이런 환란 만났다네.
누에치던 방에서 궁형 형벌도 억울한데
민나라에서 환관시키려 자식의 거세도 진실로 슬픈 것이거늘
자식을 낳고 사는 이치는 하늘이 준 것이요.
하늘의 도는 남자 되고 땅의 도는 여자 되는 것이라
말 돼지 거세하는 것도 오히려 슬프다 할 만한데
하물며 백성이 후손 이을 것을 생각함에 있어서랴!
부자집들 일 년 내내 풍악 울리고 흥청망청
한 톨 쌀 한 치 베 내다바치는 일 없네.
다 같은 백성인데 이다지 불공평하다니
객창에 우두커니 앉아 시구편을 거듭 읊노라.

다산은 이 「애절양(哀絶陽)」의 배경을 『목민심서』에 "이 시는 가경 계해(嘉慶 癸亥, 1803) 가을 내가 강진에서 지은 것이다. 그때 노전에 사는 백성이 아이를 낳은 지 3일 만에 군보(軍保)에 올라 있어

이정(里正)이 군포 대신 소를 빼앗아가니 남편은 칼을 뽑아 자신의 남근을 잘라버리면서 '나는 이 물건 때문에 이런 곤액을 받는구나' 하였다. 그 아내는 피가 뚝뚝 떨어지는 남근을 가지고 관가에 가서 울면서 호소하였으나 문지기가 막아버렸다. 내가 이를 듣고 이 시를 지었다"고 적어 두었다.

　동서고금을 막론하고 위정자들은 백성을 혹독하게 착취하는 경우가 비일비재했다. 아무리 혹독했다 할지라도 이와 같이 남자의 양기를 자르는 일은 세계사 어디에서도 찾아 볼 수가 없다. 만당(晚唐)의 시인 백거이는 군대에 가지 않기 위해 자기 팔을 돌로 쳐 불구가 된 사람을 만나「신풍절비옹(新豊折臂翁)」이라는 시를 지었으며, 조선시대 성종, 연산군 때 어무적(魚無迹)은 매실을 세금으로 내지 않기 위해 매실나무를 잘라버렸다는「작매부(斫梅賦)」라는 글을 남겼다. 이러한 시는 다산의 남근을 잘라버린「애절양」에 비한다면 그저 웃음밖에 나오지 않는다.

　「애절양」은 쓸데없는 전쟁을 일으켜 백성을 사지로 모는 당나라 지배층을 비판하고 군역을 면하기 위해 자신의 팔을 스스로 자른 비극을「절비옹(折臂翁)」이란 작품을 통해 비판한 현실주의적 시세계를 보여준 백거이(白居易)의 시정신과 맥락이 닿아 있는 시이다. 조선 초기 관리들의 수탈에 못 이겨 매화나무를 쪼개 버리는 현실을 목도하고, 그 참담함 정경을 노래했던 어무적(魚無迹)의「작매부(斫梅賦)」와 함께 극적인 상황을 포착하여 당시 피지배층이 당하던 질고와 탐학무도한 정치를 고발한 대표적 작품이다.

　중국 진나라가 망한 것도 환관들이 황제의 귀와 눈을 막고 자기들이 호의호식하기 위해 백성들의 삶을 돌보지 않아 그리된 것이라고 한다. 오늘을 사는 대한민국 국민들은 마치 아주 먼 진나라시대

환관정치를 바라보고 있는 것 같은 감회를 느끼게 된다. 박근혜 정권은 환관 같은 십방시가 정치를 좌지우지했다고 하니 수백만의 시민이 광화문 광장으로 촛불을 들고 쏟아져 나와 대통령 퇴진을 연일 외치고 있다. 이러한 십상시 뒤에는 형편없는 최아무개라는 아줌마가 자기 마음대로 이들을 조정했다고 하니 국민들의 자존심은 땅에 떨어졌고 "이게 나라냐"는 말이 초등학생 입에서까지 나오는 형국이다. 이들과 오랫동안 뜻을 같이 해온, 그래서 마땅히 모든 책임을 질 수밖에 없는 대통령께서 하시는 말씀이 어이없게도 "내가 이러려고 대통령이 되었나"라고하니 이게 말이나 되는 이야기인가?

오늘의 시점에서 다시 읽어보는 다산의 「애절양」은 우리들에게 많은 것을 느끼게 한다. 깨끗한 정치 정직한 정치 백성과 함께 하는 정치가 이루어지지 않는 한 진정한 민주주의는 이루어지지 않을 것이다. 오늘을 살고 있는 대한민국 국민은 3번째 총리에 출마한 독일 메르켈의 깨끗하고 정직한 삶이 부러울 뿐이다. 1800년대 무지하고 순박한 백성이 무자비한 세금폭풍을 벗어나기 위해 할 수 있었던 일이 오직 자기 양물을 스스로 잘라 버릴 수밖에 없었단 말인가? 「애절양」을 읽으면 가슴이 저려 말이 나오지 않는다. 그것을 관가에 호소하러 온 여인은 아무도 만나 볼 수도 하소연마저도 할 수 없었던 그런 세월이 우리 역사에 있었다는 사실을 잊지 말아야 할 것이다. 오늘을 사는 우리 민초들의 삶도 본질적으로는 그때와 크게 다르지 않다고 생각이 되니 자괴감만 들뿐이다.

다산초당 남동쪽에 다산이 2천여 권의 책을 갖추고 기거하며 손님을 맞고 『목민심서』를 완성했던 동암을 지나 동쪽 산마루에서 흑산도로 귀향 가 있던 둘째 형 약전을 그리며 시름을 달래던 천일각에 올라가 강진만을 내려다보았다. 천일각을 내려와 만덕산을 넘어

백련사로 이어지는 오솔길은 다산과 백련사 혜장 스님 오갔던 아름답다고 소문이 난 길이다. 한 2킬로 정도 이어진 대나무, 동백과 차나무 숲길을 걸어 백련사까지 가는 길은 치유의 숲길이다.

백련사의 아늑한 산사가 조용하기 그지 없었다. 항상 많은 방문객으로 붐비는 산사가 해가 지고 날이 어두워져가는 12월 초순, 사람이 별로 없어 고풍스럽고 아늑한 백련사의 맛에 흠뻑 젖어 우리만이 특별 답사를 허락받은 것 같아 마음이 푸근하였다. 백련사 만경루 앞의 세 그루의 배롱나무가 오랜 몸뚱이를 안고 해풍에 견디고 있는 모습이 창연하다. 대웅전 앞에 있는 만경루 마루에 서서 강진만을 바라보았다. 이곳이 임진왜란 때 승군들의 기지였다니 주변 산세를 보니 이해가 되었다. 한눈에 내려다 봐도 바다에서 산으로 올라오는 적군을 바로 포착할 수 있을 것 같았기 때문이다.

여러 번 와 본 곳이지만 겨울이 시작되는 12월초의 다산초당과 백련사는 다른 때와 달리 차분하고 호젓함에 세속에 찌든 마음이 상큼한 녹차 한 잔 마신 것처럼 상쾌해졌다.

수종사와 다산의 탄생지

다산에 대한 답사여행은 해남 대흥사에서 다산초당, 경북 오천읍 장기면에서 다산의 유배지를 탐방하였으나 정작 다산의 출생지이고 이곳에서 생을 마감하고 잠들어 있는 묘소를 이제 찾은 것이 순서가 바뀐 것 같다. 그래도 지금이라도 답사를 하게 된 것은 우리 영남차회 회원들의 다산 선생에 대한 성원 때문이라고 생각된다.

대구에서 일찍 출발하였으나 10시 30분이 다되어서야 남양주시 조안면 수종사 입구에 도착하였다. 표시판에 1.7km라고 쓰여 있어서 그냥 올라 갈 수 있겠구나 하고 걸음을 재촉하였다. 승용차는 갈 수 있으나 버스는 위에 가서 돌릴 장소가 없다고 하여 걸어서 올라가기로 하고 나이 많은 사람과 두서너 사람이 빠지고 다들 같이 올라갔다. 자동차가 다니는 시멘트 도로를 벗어나 옆에 있는 작은 산길을 따라 올라가다 보니 숨이 차고 만만치 않은 길이었다. 운길산 610m라고 쓰여 있는 곳을 향해 올라가는데 많은 산에 오르는 사람들이 중간 중간에 쉬고 있어 물어보니 운길산 쪽으로 올라가면 안 되고 올라가다가 다시 오른쪽으로 내려오면 수종사가 있다고 하였다.

목이 마른 참에 같이 가는 동료가 고맙게도 배즙 하나를 건네주었다. 다시 힘을 내어 오르막을 올라간다. 가보지 않은 처음길이여서 가파른 비탈 산길을 올라왔다가 다시 내려가 일주문

수종사 전경 ▲

앞에 서니 11시 15분이 되었다. 여기서 다시 100여 미터를 올라가니 수종사가 나온다. 대웅전 뒤 산자락을 정지 작업을 하고 다시 이곳에 건물을 지을 요량인 것 같았다. 최근에 우리나라 종교는 어느 종교나 매우 번창하고 있는 것처럼 보인다. 크고 장대한 건물이 새롭게 지어지고 있는 것은 불교나 가톨릭이나 개신교나 변함없는 것 같았다. 종교가 종교 본연의 임무에서 자꾸 다른 길을 가고 있는 것 같은 생각이 드는 것은 나만이 아닐 것 같다는 생각이 들었다. 종교의 자본주의화, 아니면 자본주의의 종교화일까? 쓸데없는 걱정을 해본다.

대웅전 앞마당에서 서서 아래쪽을 내려다본다. 남한강과 북한강이 합쳐지는 두물머리가 한눈에 들어와 탁 트인 시야에 아래 조안초등학교, 체육공원, 그리고 한강을 가로지르는 양수대교 강변의 작은 주택들이 어우러진 시골 풍경이 아름답다.

이곳에서 같이 올라온 회원들과 사진을 찍고 대웅전 옆에 있는 팔각 오층석탑과 대웅전, 그 아래 있는 500년 된 은행나무를 둘러보

▲ 오백년된 은행나무 보호수

앉다. 사실 이 절은 한국전쟁 때 전소되어 옛 유물로 남아있는 것은 보물로 지정된 이 팔각 오층석탑이 유일한 것이라고 한다.

보호수로 지정된 은행나무는 우람찬 가지와 수도 없이 많이 달린 은행알들이 떨어지면서 풍기는 진한 냄새가 주변에 가득했다. 이 나무의 웅장함에 할 말을 잃었다. 은행나무 앞에서 기념촬영을 하고 삼정헌(三鼎軒)이라고 쓰인 다실에 가서 차를 한 잔씩 마시고 내려가기로 하였다.

수종사는 대한불교 조계종 제25교구 본사인 남양주 봉선사의 말사로 운길산 8부 능선에 자리하고 있다. 조선 초기에 중창한 사찰로 북한강과 남한강이 합수되는 두물머리를 내려다보고 있다. 1458년 세조가 신병치료차 금강산을 유람하고 돌아올 때 밤이 되어 이수두(二水頭, 兩水里)에서 하룻밤을 묵었다. 운길산 어디선가 은은한 종소리가 들려와 다음 날 숲속을 둘러보게 하니, 천년 고찰의 폐허 바위굴에는 18나한상이 줄지어 앉아 있었는데 그 바위굴에서 물방울이 떨어지는 소리가 종소리처럼 들렸다는 것을 알게 되었다. 세조는 감동하여 지금의 자리에 절을 복원하게 하고 절 이름을 수종사(水鐘寺)라 부르도록 하였다. 조선 시대의 명문장가 서거정이 동방사찰 중 제일이라 했을 정도로 절 마당에서 내려다보는 북한강 경관이 빼어나다.

은행나무 옆에는 한음 이덕형(1561~1631)이 공부했다는 이야기와 시판이 적혀 있다. 초가을 맑은 날 이곳에서 내려다 본 남한강과 북한강이 만나는 두물머리의 장쾌한 풍광은 오래 동안 머릿속에 남을 것 같다. 다산 선생도 유배지에서 고향으로 돌아와 이곳을 자주 찾았다고 한다.

이 절 바로 아래 마을이 사제촌이고 그곳이 한음 이덕형의 고향이다. 한음은 산수가 빼어난 운길산을 사랑하여 바쁜 중앙정치의 와중에도 여가를 내어 사제촌에서 수종사로 이어지는 산길을 자주 걸었다고 한다.

한음은 7년여의 임진왜란을 수습하는데 큰 공훈을 세웠으나 극심한 정쟁에서 오는 국정의 혼미에 몹시 상심하였다. 봄날이 가는 어느 초여름 한음은 이곳 수종사를 찾아 주지 스님에게 우국충정에서 오는 자신의 괴로운 심경을 토로한 시를 지어 주었다.

   僧從西崦扣柴關
   凍合前溪雪滿山
   萬疊靑螺雙練帶
   不妨分占暮年閑
   風輕雲淡雨晴時
   起向柴門步更遲
   九十日春愁裏過
   又孤西崦賞花期

운길산 스님이 사립문을 두드리네.

앞개울 얼어붙고 온산은 백설인데
만첩청산에 쌍연대를 매었네.
늘그막의 한가로움 누려 봄직하련만
산들바람 일고 옅은 구름비는 개었건만
사립문 향하는 걸음걸이 다시금 더디네.
구십일의 봄날을 시름 속에서 보내며
운길산 꽃구경 시기를 또 놓쳤구나.

산 아래 시제촌(송촌리) 한음마을에는 조선 역사상 최연소로 31세에 대제학에 오르고, 42세에 영의정에 오른 한음이 정치 일선에서 물러난 후 생을 마감한 별서 터와 하마석 등의 유적이 그대로 남아 있다고 하나 우리 일행은 시간이 없어 다음으로 미룰 수밖에 없어 못내 섭섭하였다.

산 아래로 내려오는 시간이 조금 늦어졌다. 올라갈 적에는 숲속 오솔길로 갔으나 내려올 때 자동차길을 따라 내려오니 훨씬 편했다. 내려와 다시 자동차를 타고 두물머리에 있는 기와집 순두부집에 들어갔다. 우리 30명은 미리 예약을 해두어 안쪽에 있는 큰 방으로 곧바로 들어가 순두부 정식과 파전을 맛있게 먹었다. 이 음식점은 다산 선생의 후광으로 번창하고 있는 것 같았다. 상량문을 보니 2006년에 지었다고 하는데 하루에 4~500명이 넘는 사람들이 순두부 식사를 하고 돌아 간다고 한다.

식사를 마치고 실학박물관과 다산 여유당이 있는 양수리 두물머리에 도착하였다. 토요일인 오늘 십여 대의 관광버스와 승용차가 주차하고 있어 관광객이 넘친다. 다산 생가에 들어가 다산 선생 묘비명을 보고 산 위에 있는 묘소를 참배하였다. 선생 묘소에 헌다를 하고 난 뒤 다 함께 선생을 위한 묵념을 올렸다.

다산은 워낙 큰 인물이어서 차에 관해서만 이야기하기가 버거울

것이나 분명 차에 일 가견이 있었고, 차에 대한 확고한 의지를 가지고 있었다고 추측할 수 있는 것은 유배 가기 전에 다산이 남긴 시를 통해 알 수 있다. 초의가 차성(茶聖)이라면 다산은 차

다산 선생 동상 ▲

선(茶仙)이라고 해야 할 것 같다. 다산은 강진으로 유배 가기 전에 이미 차를 접했고, 오랜 동안 차 생활을 한 흔적을 찾아 볼 수가 있다. 그러므로 24살 아래인 초의가 다산초당에서 2년간 경전과 시 공부를 하러왔을 때 차에 대한 이야기도 스스럼없이 나왔을 것이라고 생각된다. 『동다송』과 같은 책을 초의가 썼지만 그 이전에 다산에게 차에 대해 많은 것을 배웠을 것이다.

묘지 아래에 있는 여유당을 지나 그 앞에 차실에 들러 보성에서 가져온 발효차와 녹차를 한 잔씩 대접받고 다산박물관을 둘러보았다. 다산의 일대기를 보는데 너무 시간이 쫓기어 제대로 볼 수는 없었으나 다산의 탄생지를 한번 돌아본다는 것만으로도 오늘은 매우 의미 있는 날로 생각이 되었다.

마당 앞 서쪽으로 문도사(文道祠)가 서 있는데 1909년에야 조정으로부터 받은 시호라고 적혀 있었다. 나라가 완전히 망하기 바로 전에야 시호를 받았으니 다산이 나라를 위해 한 많은 일들에 비해 너무 야박하다는 생각이 들었다.

그리고 나오는데 노랑 국화 화분으로 둘러싸여 있는 여유당 앞에서 오카리나를 연주하는 사람들이 있고 그 아름답고 청아한 오카리

나 소리에 모여 든 사람들이 즐거운 표정으로 듣고 있었다.

바로 앞에 있는 실학박물관에 들어가 2층부터 관람하고 내려와 아래층을 관람하였다. 다산의 실사구시 사상의 근원을 반계 유형원부터 차근차근 내려와 박지원, 박제가 등의 활동상이 상세하게 전시되어 있었다. 그 뒤를 이어 다산 정약용의 업적인 수원성 축성에 거중기를 이용하고, 정조대왕의 수원성 행차를 위해 한강 위에 설치한 배다리 등이 모형과 함께 전시되어 있었다.

다산 올레길을 돌아보고 그 전망대에서 남한강과 북한강이 합쳐지는 양수리 풍광과 바로 아래 만들어놓은 팔당댐의 위용을 감상하지 못하고 돌아가는 것 또한 섭섭하였다. 그래도 무언가 아직 이루지 못한 미련을 남겨놓은 것은 다음에 다시 찾아 볼 수 있는 명분이 있는 것 아닌가? 우리가 공부할 때 항상 써왔던 완전 마스터는 말 듣기는 좋으나 다시 볼 필요가 없다는 말이 된다. 이 좋은 모습을 완전 마스터해버려 다시 올 필요가 없다고 한다면 너무 야속하다는 생각이 들지 않는지? 그래 이번에 못다 한 것은 남겨 두었다가 다음에 다시 오겠다는 무언가 미련을 남겨두고 가는 것이 그래도 마음이 차분해지는 것 같이 느껴졌다.

버스에 올라와 아침에 올적에 하다가 남겨놓은 퀴즈 문제를 다시 시작하였다. 어려운 문제가 많아 머릿속에 남아있는 것이 별로 없으나 우선 다산 묘비명에 두 가지가 있다고 묘소 앞 가찬 묘비명은 어디에 있는가? 두 번째 다산이 벼슬을 버리고 고향에 돌아와 살면서 지은 집의 이름은? 또 이어 다산이 받은 시호는? 다들 상품을 받고 좋아한다. 이어 넌센스 퀴즈, 0에서 9까지 숫자중에 0과 9를 빼면 무엇이 되는가? 그것이 영구없다라는 정답을 잘도 맞춘 P목사님. 역시 퀴즈면 퀴즈, 노래면 노래 모자라고 못하는 것이 없는 만능 재능인이다. 또 맞춘 팀에게 어깨를 주물러주기도 하고 진 상대편 중에서 지정하여 노래를 시키기도 하는데 누군가 나에게 노래를 하라고 벌칙을 주었다. 이삼년 전만하여도 내가 좋아하던 나훈아의 「영영」을 신나고 재미있게 부르기도 했는데 이젠 목이 잠겨 분위기를 깰까봐 극구 사양하였는데 구세주처럼 나타난 P목사의 「행복이 무엇인지?」라는 노래를 멋들어지고 맛깔스럽게 내 대신 불러주어 분위기를 죽이지 않고 살려주니 고맙고 감사하였다.

양수리를 거쳐 여주 중부고속도로 들어와 괴산, 수안보, 죽령 터널을 지나 문경에 오니 저녁 햇살이 뉘엿뉘엿 넘어가고 있다. 가을로 들어서면서 이제 해도 짧아진 것 같다. 추분이 지나면서 하루에 해의 길이가 1분씩 짧아지고 춘분부터는 1분씩 길어진다고 한다. 그래서 하지와 동지의 시간차가 180분이 나는 것이다. 그까짓 1분이 무슨 대수냐로 생각하면 큰 잘못이다. 작은 것이 모여 크게 된다는 동서고금의 법칙, 티끌 모아 태산이 되고, 열 숟가락의 밥을 모아 밥 한 그릇을 만든다는 말이 십시일반(十匙一飯)이다. 그러니 1분이 모여 긴 시간이 되고 그것들이 달을 바꾸고 계절을 바꾸는 것이 되어가는 것이니 어찌 귀하지 않다고 하겠는가?

붉게 물든 서산의 황혼빛이 어느 때보다 아름다운 것은 가을의 누런 황금 벌판 위에 펼쳐지는 햇살 덕분인 것 같았다. 오늘 하루 다산의 탄생지를 찾아 다산이 걸었던 그 길을 걷고 다산의 일대기를 둘러보면서 다산을 다시 되돌아보는 즐거운 하루가 되었다.

추사의 「세한도」

매서운 찬바람에 얼어붙은 온 산천, 눈이라도 내려 쌓이면 독야청청 고고한 소나무가 한결 돋보이는 계절이다. 예부터 우리 선조들은 사철 변하지 않는 소나무의 기상을 예찬해 왔다. 우리나라의 살아있는 소나무 중에 이름이 나있는 것은 속리산 정이품소나무나 세금을 낸다는 예천의 석송령을 꼽을 수 있을 것이다. 소나무 그림으로는 조선의 화가 겸재 정선이 그린 사직송도(社稷松圖)나 노송영지도(老松靈芝圖) 등도 유명하지만 문인화로는 추사의 세한도를 빼놓을 수가 없다.

추사의 집안은 고조부가 영조 때 영의정을 지낸 김홍경이며 증조부 김한신은 영조의 화순옹주와 결혼하여 월성위가 되어 충남 예산 오석산 근처에 사패지(賜牌地)를 받아 자리를 잡았다. 그 아버지 김노경은 승지, 판서 등 고관을 두루 지낸 금수저 집안이다. 추사는 시서화(詩書畵) 삼절(三絶)이라는 박제가 문하에서 수학하였으며 중국에서도 그 재능을 인정받았다.

추사의 글씨는 추사체로 명성이 높았으며 금석학의 대가로 추앙을 받았고 벼슬이 대사성, 병조참판까지 올랐다.

　이렇듯 대단한 인물이 바다 건너 그 먼 제주도에 위리안치 되어 8년이라는 유배생활을 하였다니 그의 죄명이 무엇이란 말인가? 순조 30년(1830) 윤상도(尹尙度)라는 하급 관리가 탐관오리인 호조판서 박종훈, 어영대장 유상량 등을 처벌해야 한다는 상소문을 임금에게 올렸는데 죄를 지었다는 놈들을 잡아들이지 않고 양심선언을 한 윤상도를 군신 간 의리를 끊어놓은 죄가 크다고 하여 추자도로 유배를 시켰다.

　그 뒤 현종 6년(1840) 윤상도를 아들과 함께 다시 불러 취조하여 능지처참을 하였는데 이때 이들 부자의 상소문 초안을 추사가 잡아주었다는 죄목으로 유배를 가게 된 것이다. 사실을 사실대로 쓰도록 지도해주었다고 하여 수천리 밖 제주도로 유배를 보낸다니 가당키나 한 일이겠는가? 그러나 실은 경주 김씨인 추사 집안이 풍양 조씨와 안동 김씨의 외척간 싸움에 완전히 밀리는 형국이 되어 벌어진 일이라 할 수 있다.

　추사에게 있어서 제주도의 유배기간은 너무나 슬프고도 고독한 긴 세월이었다. 높은 관직에 있을 때 많은 사람들이 문전성시를 이루었는데 바람만 부는 텅빈 유배지에 오는 이도 드물었을 터 항상 고독을 씹으면서 살았다. 이때 동갑내기 초의선사(草衣, 1786~1866)에게 차를 보내 달라고 편지를 쓰며 혼자 있는 자기를 찾아오지 않는다고 투정을 부리기도 하였다. 초의는 6개월 간이나 제주도에 가서 같이 지낸 적도 있었다. 추사가 죽은 후 초의는 세상과 문을 닫고 살았다고 하니 두 사람의 우정은 지금도 많은 사람들에게 회자되고 있다.

　유배 온 지 4년째인 1844년 추사의 제자인 역관 이상적(李尙迪,

▲ 국보 제180호인 세한도

1804~1865)이 벼슬에 올라 중국을 다녀오면서 가져온 값비싼 책을 제주도까지 보내와 추사는 기쁜 마음에 그해 여름 「세한도(歲寒圖)」를 그려 주었다.

그림 속에 있는 늙은 소나무는 추사, 나이가 어린 것은 제자 이상적을, 잣나무는 친구 초의선사와 궁중 화가인 제자 소치 허련(1809~1892)을 나타내고 있다. 이상하게 보이는 집은 추사의 텅 빈 가슴을 상징하며 나머지 빈 여백은 눈을 나타낸 것이다. 이 「세한도」는 내용과 정신을 중요시하는 서화일치(書畵一致)의 극치로 조선시대 문인화의 가장 대표적인 작품으로 평가받고 있다.

오른쪽에 세한도라 적고 그 옆에 우선시상(藕船是賞)이라 적었다. 우선은 이상적의 호다. 그 아래에 오랫동안 서로 잊지 말자는 장무상망(長毋相忘)이란 낙관도 찍혀있다. 왼쪽에는 이 그림의 감회를 적은 289자에 달하는 글이 적혀있다. 이 글은 이상적이 잊지 않고 책을 보내준 것에 감사하고, 『논어』 지송백(知松柏)으로 그를 칭송하였으며 끝으로 사마천의 『사기』를 인용하여 한나라 때 적공(翟公)이 높은 벼슬에 있을 때 문전성시를 이루던 사람들이 벼슬이 떨어지자 바람처럼 사라졌다가 다시 벼슬을 받자 밀물처럼 몰려오는 것을 보고 자기 집 대문에 써붙였다는 "一死一生乃知交情(한 번 죽고 한 번 삶에 곧 사귐의 정을 알고), 一貧一富乃知交態(한 번 가난하고 한 번 부유함에 곧 사귐의 태도를 알며), 一貴一賤乃見交情(한 번 귀하고 한 번 천함에 곧 사귐의 정이 나타나네)"는 방을 떠올리며 자기의 쓸쓸한 처지에 비유하고 글을 마쳤다.

「세한도」는 이상적이 중국에 가져가 16명의 문인들로부터 추사의 딱한 처지를 동정하며 이 그림을 칭찬하는 상찬기를 받았다. 이 그림이 평양감사 민영휘(휘문학교 설립자)에게서 그 아들에게 전해졌으나 결국 일제 강점기 추사연구가 후지스카(藤塚, 경성제대 교수)에게 팔아넘겨지고 말았다. 소전 손재형(素筌 孫在馨)은 후지스카에게 세한도를 팔 것을 요구했으나 거절당하고, 1944년 추사 관련 작품을 모두 일본으로 반출하여 돌아가자 손재형은 동경까지 찾아가 「세한도」를 돌려줄 것을 계속 요구하였다. 와병중인 후지스카에게 2개월 동안 하루도 쉬지 않고 문안 인사를 올리니 후지스카는 손재형의 심성에 감동하여 그림을 그냥 넘겨주었다. 공교롭게도 소전이 「세한도」를 손에 넣은 다음날 공습으로 후지스카의 집은 타고 말았다. 이렇듯 그 역사적인 아찔한 순간을 견딘 「세한도」는 우리 문화유산으로 고스란히 살아 남을 수 있었다.

그 뒤 「세한도」는 위창 오세창, 위당 정인보, 부통령 성재 이시형 등이 배관기를 기록하였으며, 그 후 손재형이 국회의원 출마하면서 전당포에 잡혀 개인 소유가 되었다가 국가가 구입하여 국보 제180호로 지정하였다.

소전은 「세한도」를 가지고 정부를 설득하여 한국미술대전에 서예 부문도 들어가게 되었다. 붓글씨의 원조인 중국에서는 서법(書法)이라고 하고 일본에서는 서도(書道)라고 하는데 우리나라에서 유독 서예(書藝)라고 하며 예술성을 평가를 하고 있어 다른 나라와 많이 다르다.

한 겨울에 하얀 눈에 소복이 덮인 소나무는 따뜻하고 정겨운 감을 주지만, 세한도의 소나무는 차갑고 외롭고 쓸쓸하고 거기에 더욱 울분을 느끼는 추사의 마음을 보는 것 같아 안쓰럽다. 잘못한 자를 고발한 사람, 시체 말로 내부고발자에게 상을 주고 죄지은 자를 처벌하는 그런 단순하면서도 보편타당한 사회를 만들어 가는 것이 그 때나 지금이나 왜 그렇게 어려운지 모를 일이다.

의재 허백련

무등은 어머니 품 같은 산이다. 외지에 갔다가 기차를 타고 돌아가는 길, 송정리에서 극락강역을 지나 광주역으로 들어오면서 기차 창문을 통해 일천 미터가 넘는 높은 산인데도 급하지 않고 바트지 않으며 두 팔을 넉넉하게 벌리고 포근하게 감싸안는 어머니 같은 무등을 본다. 어느 누구에게도 보이고 싶지 않은 마음 속 숨은 사연도 이야기 하고 싶은 그런 산이다.

나는 생전의 허백련 화백을 직접 뵈온 적은 없다. 그러나 의재 선생의 제자 분과 초겨울 긴 밤을 해방 이후 농업학교 설립과 1960년대 중반, 증심사 계곡에 다원을 경영하면서 녹차를 만들어 보급하고 그림을 팔아 학생을 가르치고 지도했던 이야기를 밤새는 줄 모르고 나눈 적이 있었다.

사람을 교육시켜 가르친다는 것은 배우는 자들에게 영향을 주어 그 배운 자들이 더 가치 있는 인생을 살아 나가는데 큰 힘이 되어 주는 것이라고 생각할 적에 그날 밤의 대화를 통해 의재 선생의 철학을 읽을 수 있었다. 가식없이 깨끗한 마음, 항상 봉사하며 남을 위해 자기를 낮추고 베푸는 마음, 자기 맡은 일에 최선을 다해 살아가는 제자의 모습이 바로 의재 선생에게서 배우고 닦은 것이라고 느꼈다. 제자는 선생의 모습을 닮아간다고 하는데 이러한 제자를 둔 의재 선생은 교육자로 크게 성공한 분이라 생각된다.

대부분 사람들은 의재 선생님을 훌륭한 동양화가로만 알고 있다. 그러나 그것은 의재의 일면에 불과한 것이다. 선생은 남종화의 대가일뿐만 아니라 단군신전을 건립하려 노력하신 민족주의자였고, 희망을 잃고 방황하는 젊은이들에게 길잡이가 되어주신 교육자였다. 모든 사람들에게 삼애사상을 심어준 철학자였을 뿐만 아니라 스스로 차를 생활 안으로 끌어들인 다인이었다.

의재 선생의 실생활 속에 언제나 춘설녹차가 자리잡고 있었다. 그림을 그리기 전 화실의 창문을 열고 차밭을 바라보면서 마음을 다스리는 모습은 많은 제자들에게 차가 그저 목마르면 마시는 단순한 음료로 만이 아닌 기(技)와 예(藝)와 같은 높은 뜻을 가지고 있음을 알게 하였다.

차와 의재를 생각하면 그의 그림과 교육 사상의 밑을 바치고 있었던 철학이 바로 차를 통해서 강화되어진 것임을 그의 일상 차 생활에서 찾아 볼 수가 있다. '청정화애(淸淨和愛)', 깨끗하고 조용한 마음으로 부드럽게 화합하며 서로 사랑하는 마음을 가지게 된다는 다도사상이 의재 선생의 삶의 밑바탕을 이루고 있었다고 본다.

우리나라의 다도사상은 시대와 학자에 따라 많은 변천이 있었다. 신라시대 「안민가」를 지어 왕에게 바친 충담선사의 다도정신은 분수에 맞는 삶을 강조한 것으로 볼 수 있으며 이 사상은 화랑들에게도 차와 같이 전해졌다. 신라 때 중국으로 건너가 신라차를 전해준 김교각 스님의 삶도 다도 정신으로 승화시켜 볼 수 있을 것이다.

고려시대 이색은 차 생활이란 정도(正道)나 참됨을 지키는 것, 즉 수진(守眞)이라고 하였으며, 포은 정몽주는 차로 마음을 다스리고 학문에 정진함을 차생활의 근본으로 삼았다.

조선시대 점필재 김종직은 백성을 사랑하는 참마음과 철저한 실천정신을 가진 다인이었으며, 조선 후기 초의선사는 대흥사 일지암에서 『동다송』을 지었고 다산 정약용과 추사 김정희와 더불어 차를 나누며 차사상을 새롭게 정비하여 우리나라 차문화를 이어준 다성이었다. 추사 김정희는 다도를 중화(中和)의 체득공부로 보았으며 그는 찻자리에 집중하는 것이 마침내 다도의 경지에 이르게 한다고 하였으며, 다사(茶事)는 몸소 정좌와 선의 음다 생활을 함으로써 학문과 독창적 예술의 세계를 넓혀준다고 하였다.

해방 이후 암울하고 어려운 시절에 의재 허백련, 금당 최규용, 효당 최범술, 다촌 정상구 같은 분들이 우리나라 차문화 창달에 앞장서 왔다.

효당은 사천 다솔사에 다원을 만들고 차를 재배하면서 『다도』를 지어 차문화 창달에 힘썼으며 해인사 주지를 지냈다. 전국에 차인들과 음다 교류를 수시로 하였으며 의재 선생과도 여러 번 찻자리를 같이 하였다. 차가 생활이 되고 생활이 차가 된 금당 최규용은 "차나 한 잔하게"하시던 특유한 유머로 백수를 누렸던 다인이었다.

시인으로, 정치가로, 교육자로 다양한 활동을 한 다촌 정상구는 다도란 차의 정신을 체득하여 깨달음의 경지에 들어가는 것이라고 하였다. 다도란 차와 더불어 참된 사람의 길, 즉 천리를 행하고자 하는 구심적인 행위를 말하며, 도(道)란 도심(道心)과 더불의 예술의 극치에 달함을 의미하며 예는 기가 예술의 경지에 도달함을 말한다고 했다.

의재 허백련은 차를 생활화한 다인이었다. 그림을 그리고 사색을 하고 학생들과 대화를 통한 교육장에서도 항상 차와 같이하였다. 그는 맑은 천성을 더 밝게 지키어 지극히 선하고 행복한 사회, 즉 애천, 애토, 애가, 즉 삼애의 삶과 홍익인간사상이 구현되는 살기 좋은 세상을 창조하기 위해 지도자들이 '수기치인(修己治人)'의 자세를 견지해야 한다는 것을 행동으로 보여준 인물이었다. 청렴근검(淸廉勤儉)과 겸양화합(謙讓和合), 지성실행(至誠實行)은 수기치인의 길을 가기 위해 의재 스스로 지키며 실천해 왔던 생활철학이었다. 해이해질 때나 혼란해질 때는 차를 마시거나 시나 고전을 외우며 깊이 사유를 하므로 초심이 변하지 않도록 자신의 마음을 관리하였다고 한다.

혼란기의 다도철학을 이끌어 오셨던 분들이 가시고 난 오늘날, 우리나라의 다도철학은 '한국차학회'를 설립했던 김명배 박사, 초의 탄생지 문화육성사업을 관장하고 있는 석용운 스님, 다도철학을 재정립하고 있는 정영선 박사 등에 의해 이어져오고 있다.

현재 우리나라에서는 차문화와 산업이 다양한 방향으로 크게 발전해 가고 있다. 차문화의 발전은 다양한 차 산업을 창출하였으며, 전국 여러 대학교에 차 관련 학과가 설립되어 우리나라 차가 부흥기를 맞이하고 있다고 말한다. 그러나 2000년도 중반부터 국민들의 차 소비는 증가하고 있으나 국산차 소비가 급격히 줄어들어 차 생산업이 큰 불황을 맞고 있다. 이러한 불황을 타개하고 대학에서 차 교육받고 나온 많은 인재들이 제 일자리를 찾을 수 있게 하려면 우리나라 차산업 분위기가 새롭게 바뀌어져야 만 할 것이다.

이러한 시점에서 의재 선생이 생활차인으로서 스스로 보여주셨던 '수기치인'의 자세를 우리 다인들이 다시 한번 마음속에 가다듬어 봐야 할 때가 아닌가 생각한다. 자기 스스로를 가꾸고 닦아 사람을 이끌어 가는 자세를 우리 다인들이 가질 때 우리 차산업의 분위기도 바꾸어져 나갈 수 있게 될 것이다.

의재 선생의 다심은 지금도 옛날 그 모습을 보여주고 있는 무등산 삼애다원의 춘설차로 전해 내려오고 있다. 그의 동양화 제자와 농업고등기술학교 제자들과 후손들에 의해 그의 정신과 철학사상, 그리고 예술의 혼이 이어져 갈 것이다. 자연에서 태어난 정갈한 차 맛을 가진 삼애 춘설차 한잔에 무등의 향기와 함께 의재 선생의 다심도 녹아있는 것 같다.

우리 차인들은 의재선생의 차를 마시며 명상함으로 마음을 항상 중정의 자세로 관리하였던 모습과 매사에 겸손한 자세로 덕을 베풀며 나라와 민족을 걱정하고 농촌을 잘사는 농촌으로 부흥시키고자 했던 선생의 족적을 다시 생각해 본다.

한국의 차문화

인류가 차를 이용한 역사는 5000년이 넘는다. 처음에는 약용으로 이용되어 왔으나 당나라 때 육우의 『다경』이 나오면서 기호식품으로 발전하게 되었다. 오늘날 우리가 이용하고 있는 기호음료 중에 가장 오랜 역사를 우리 인류와 같이 한 식물이 바로 차(茶)라고 할 수 있다.

차는 차나무에서 딴 잎을 가지고 만든 제품을 말한다. 차나무를 사용하지 않는 것에는 '차'를 붙여서는 안 된다. 다시 말하면 차나무는 고유명사이기 때문에 다른 재료로 만든 음료에 차를 붙이지 말아야 한다는 것이다. 그러나 현재 우리나라에서는 차라는 단어가 보통명사화되어 사용되고 있는 것이 현실이다.

차나무는 1753년 Linne가 학명을 Thea sinensis와 Camellia sinensis로 붙여 혼동되어 오다가 1950년 Camellia sinensis로 확정되었다. 이 종은 두 가지 변종, 즉 C. sinsensis var. sinensis(중국 소엽종)과 C. sinensis var. assamica(앗삼종)으로 정리가 되었다.

이러한 차나무가 우리나라에는 김해 김수로왕 허황후가 중국에서 가져온 것으로 추정되고 있으며, 2000년의 세월이 흐르는 동안 우리생활 속에 깊숙이 자리잡게 되었다.

　차나무로 만든 차제품은 나무에서 딴 차 잎의 수분을 어떻게 처리하는가에 따라 녹차, 우롱차, 홍차로 나눈다. 특별히 미생물을 이용해 발효시킨 차로 돈차, 또는 흑차 같은 것이 있는데 그중 유명한 것이 보이차이다. 이외에도 차 잎을 따는 시기에 따라 여러 가지로 분류되기도 하며 재배되는 지역에 따라 매우 다양한 차들이 생산 유통되고 있다.

　우리나라의 차 산업은 시대에 따라 가야 삼국시대를 도입기, 고려시대 번성기, 조선시대 저조기, 1970년 이후 부흥기, 1990년 이후 발전기로 들어섰다가 2010년을 기해 다시 침체기로 들어섰다고 할 수 있다.

　이러한 차 산업의 변천과정은 차문화와도 밀접하게 관련이 되어 있다. 차문화는 민족사적인 통치철학과도 관련되어 있으며 그 분야가 다양하여 우리의 삶 전체와 연관이 되어 있다. 차 문학, 차 그림, 차와 예절, 차와 제례, 차식, 차기, 차와 선, 차와 복식 등 그 분야 또한 광범위하다.

　최근 우리사회는 정신적으로 해이되어 여러 분야가 표류하고 있으며 특히 앞날을 이끌어나갈 청소년들 문제가 심각한 상태에 있다. 이러한 청소년들에게 새로운 길을 열어가게 하기 위해 사회 통합적 정신교육이 필요하다고 생각된다. 차문화교육은 이러한 부분에 효과적인 방법으로 생각되고 있다. 차를 마심으로써 몸이 건강해지고 또한 마음이 안정이 된다면 청소년 선도에 좋은 도구가 될 수 있을 뿐만아니라 국민 전체의 건강증진에도 큰 도움이 될 수 있을 것이다.

신라시대에는 고급관료나 궁중에서 차를 즐겼지만 고려시대에는 많은 사람들이 차를 가깝게 하여 차문화가 일반화되었다. 그러나 조선시대는 불교의 쇠퇴와 맞물려 스님이나 일부 유학자들에 의해 그 명맥이 간신히 유지되어 오게 되었으며 조선 후기 초의선사에 의해 새롭게 차문화의 생명의 끈을 이어가게 되었다. 그 후 일제 강점기에 일반인들은 차와 점점 멀어지게 되었으며 광복 후 사회의 불안과 한국전쟁 등으로 한국차문화가 기력을 차리지 못하게 되었다.

그러나 1970년대에 들어와 사회가 안정이 되고 경제가 부흥되면서부터 민간인들이 중심이 되어 차 모임이 시작되었다. 그 중에 한국차인회가 1979년에 창립이 되었으며 1980년 많은 차인들의 숙원이었던 초의선사의 일지암을 복원하게 되었다. 한국차인회는 1985년 한국차인연합회로 명칭을 변경하고 전국적인 연합체 규모로 발전하게 되었다. 부산에서는 정상구 박사가 1981년에 다도협회를 결성하여 조직적으로 차문화 발전을 선도해 나갔다. 대구에서는 1986년에 영남차회가 설립되어 대구·경북의 차문화의 뿌리를 내리게 되었다. 1991년에는 한국차문화협회가, 1995년에는 명원재단이 설립되어 전국적으로 활동을 벌여 차문화 발전에 이바지해왔다.

차에 대한 학문적인 발전은 1994년 한국차학회가 창립되어 자연과학과 인문사회과학 분야가 한데 아울러 새로운 방향을 만들어가게 되었다. 한국차학회는 최근에는 매년 4권의 학회지를 발간하여 많은 학술논문을 발표하고 있다. 1년에 두 차례 학회를 개최, 새로운 연구결과를 발표하여 국내외 차를 연구하는 학자뿐만 아니고 관심 있는 다인들의 학문적인 길잡이가 되고 있다. 한국차학회에서 1977년, 2000년, 2003년, 2011년에 차의 문화, 차의 식품 및 차나무 육종에 대한 한중일 심포지엄과 국제차 유기농 학회를 성공적으로 개최한 바 있다. 그 결과 국제 여러 나라 차의 연구 분야에서 서로 활발한 협력이 이루어지게 되어 차의 학문적인 연구에 큰 발전을 이룩하게 되었다.

차문화 발전에 힘입어 차생산과 차제품 제조도 큰 폭으로 증가되었다. 1980년대 500여 정보였던 차 재배면적이 2008년에는 5,000여 정보로 거의 10배의 성장을 하게 되었다. 이러한 결과는 1970년대 정부에서 차 제품을 생산 수출하기 위해 차 산업을 진흥시켰으며 1980년대에 들어와 경제 발전에 힘입어 차에 대한 일반국민들의 선호도도 높아져 차 소비가 증가하게 되어 2008년도에는 일인당 소비량이 80g에 달하게 되었다. 1990년대 우리나라의 차를 마시는 인구가 증가되기 시작하여 2000년대에는 전인구의 10%가 넘는 400만 명 이상으로 차 인구가 늘어났기 때문이다. 이것은 단순한 생산량이나 소비량의 증가뿐만 아니라 차문화 발전과 밀접한 관계를 가지고 있음을 알 수가 있다.

문화란 인간이 자연 상태에서 벗어나 일정한 목적, 또는 생활 이상을 실현하려는 활동의 과정에서 이룩해낸 물질적, 정신적 소득의 총칭이라고 할 수 있다. 그러므로 차문화란 인간의 생활 이상을 차를 통해 실현하려는 활동 과정에서 이룩해낸 물질, 정신적인 모든 것을 포함하고 있다. 그러므로 차문화는 차의 재배, 제다, 차기, 차화, 차시, 차례, 차회, 차실 뿐만 아니라 차음악, 행다법 등이 포함된 매우 다양한 문화양식을 가지게 되며 이러한 문화 양식에 가장 기초가 되는 본체는 철학적 관념, 즉 다도철학(茶道哲學)이라고 할 수가 있다.

차는 단순한 기호음료가 아니라 오랫동안 우리의 생활 속에서 자리잡아 오면서 생활의 일부가 되었으며 차를 통해 우리 인간의 삶의 수준을 한 차원 높이기 위한 정신 교육수단으로써 차가 이용되어 왔다.

우리나라의 다도사상은 시대와 학자에 따라 많은 변천이 있었다. 신라시대「안민가」를 지어 왕에게 바친 충담선사의 다도정신은 분수에 맞는 삶을 강조한 것으로 볼 수 있다. 그러한 사상은 화랑들에게도 차와 같이 전해졌을 것이며 중국으로 건너가 신라차를 전해준 김교각 스님의 삶도 다도정신으로 승화시켜 볼 수 있을 것이다.

고려시대 이색은 고려 삼은(三隱) 중에 한 사람으로 "차를 마시니 편견이 없어지고 마음이 맑고 맑아 생각에 그릇됨이 없다(皎皎思無邪)"라고 했으며, "영아차의 맛은 그 자체가 참되다(靈芽味自眞)"라고 했다. 그의 차생활은 정도나 참됨을 지키는 것, 즉 수진(守眞)임을 짐작할 수 있다.

삼은 중 또 한 사람인 포은 정몽주 역시 차를 좋아하는 다인으로 『포은문집』에 차에 관한「석정전차(石鼎煎茶)」와 같은 많은 시가 전해지고 있다.

  報國無效老書生
  喫茶成癖無世情
  幽齊獨臥風雪夜
  愛聽石鼎松風聲

  나라에 공 세우지 못한 늙은 서생이
  차 마시는 버릇만 남아
  바람 불고 눈오는 밤, 서재에 혼자 누워
  돌솥에 차물 끓는 솔바람소리를 즐긴다.

  石鼎湯初沸
  風爐火發紅

水火用天地
卽茶意無窮

돌 솥에 물이 끓고
풍로에 불이 활활 타오르는구나.
물과 불은 천지의 조화를 이루고 있는데
차뜻이야 말로 가없는 것이로구나.

　포은의 이 두 수의 시에 나타난 차생활은 차로 마음을 다스리고 학문에 정진했음을 알 수가 있다.
　조선시대 점필재 김종직은 다인으로 함양군수로 있을 때 군민들의 차세를 덜어주기 위해 관영차밭을 만들어 차를 재배하게 한 것은 백성을 사랑하는 마음과 철저한 실천정신을 가지고 있었음을 알 수 있다. 조선 후기 초의선사는 대흥사 일지암에서 『동다송』을 짓고 다산 정약용과 추사 김정희 등에게 재배한 차를 나누며 차사상을 새롭게 정비하여 끊어져 가던 차문화를 이어준 우리나라 최대의 다성(茶聖)이다. 초의선사는 좋은 차와 정갈한 물로 분량을 알맞게 하여 다탕을 만드는 포법을 행함으로써 유가의 중도를 터득하게 된다고 하였다. 추사 김정희는 다도를 중화의 체득공부로 보았으며 그는 찻자리에 집중하는 것이 마침내 다도의 경지에 이르게 한다고 하였고, 다사(茶事)는 몸소 정좌(定坐)와 선의 음다(飮茶) 생활을 함으로써 학문과 독창적 예술의 세계를 넓혀준다고 하였다.

　해방 이후 암울하고 어려운 시절에 효당 최범술(曉堂 崔凡述, 1904~1979), 의제 허백련(毅齊 許百鍊, 1891~1977), 금당 최규용(錦堂 崔圭用, 1902~2003), 다촌 정상구(茶村 鄭相九, 1925~2005) 같은 분들이 차문화 창달에 앞장 서 왔다.

효당은 다솔사에 차원을 만들고 차를 재배하면서 『茶道』라는 책을 지어 차문화 창달에 힘썼으며 해인사 주지를 역임하면서 전국에 차인들과 많은 음다 교류를 하였다.

의제 허백련은 광주 무등산에 다실을 가지고 그림을 그린 차인으로 다도사상이란 맑은 천성을 밝게 지키는 수신다도생활(修身茶道生活)을 통해 명명덕(明明德)을 실천하여 먼저 사람다운 사람이 되어야하고, 그 다음에 사회와 나라와 인류를 위해 근면성실의 자세로 능력을 향상시키면서(至誠) 이웃도 함께 교화시켜 재신민(在新民)이 되고, 지극히 선하고 행복한 사회, 즉 홍익인간사상이 구현되는 살기 좋은 세상을 창조하자는 것, 즉 지어지선((至於至善)으로 바로 대학에서 말하는 삼강령과 중용에서 말하는 지성의 실천으로 수기치인(修己治人)의 실현을 이야기하였다.

다촌 정상구는 다도란 참선, 또는 다시(茶詩) 등을 연구하므로 차의 정신을 체득하여 깨달음의 경지에 들어가는 것이라고 하였다. 『중용』에서 보면 참은 하늘의 길이요 참을 행하는 것은 사람의 길이다(誠者天道也 誠之者人之道也). 다도란 차와 더불어 참된 사람의 길, 즉 천리를 행하고자 하는 구심적인 행위를 말하며, 도란 도심(道心)과 더불어 예의 극치에 달함을 말함이며 예는 기(技)가 예술의 경지에 도달함을 말한다. 도란 예의 지고한 상태이다. 다례(茶禮)는 다도(茶道)의 핵심적인 한 부분으로 차를 올리거나 마실 때 지켜야 할 예의범절, 예나 몸가짐, 그리고 차와 조화된 분위기와 지식 등이라고 하였다.

현재 생존하고 있는 다인 중에 석용운 스님은 『韓國茶禮』에서 다도란 차 생활을 통해서 얻어지는 깨달음의 경지라고 하면서 차생활의 예절이나 법도, 그리고 차를 끓이는 행다법은 차를 대접하는 예법이요 방법일 뿐이지 결코 다도는 아니라고 하였다. 다례는 차생활의 예법이요 행동의식인 과학적인 차원이며 다예는 차생활을 통해서 얻어지는 정신세계의 심미안적 예술세계요, 그 예술성을 포함한 정신적 만족감 등을 말한다고 하였다. 다도는 정신적 경지에서 최고도로 승화되어 이루어진 절대의 경지요 진리의 차원이며 이 경지에 이른 사람을 우리는 성인이요 군자요 도인이라 일컫는다고 하였다. 즉 도(道)는 절대경지요, 예(禮)는 철학적 경지요, 예(藝)는 과학적 차원인 것이다.

김명배는 『茶道學』에서 다도란 찻잎 따기에서 차를 우려 마시기까지의 차일(茶事)로 몸과 마음을 수련하여 덕을 쌓는 행위라고 말하였다. 모든 인간이 추구하는 행복을 얻기 위해서는 수신을 통해서 행복을 담는 그릇인 덕을 쌓아야하고 입신양명을 위해서는 개체를 완성하는 자기능력배양이 필요하다고 하였다. 수신의 방법으로 도로 몸을 닦으라 하였는데 도는 하늘이 명한 것을 성이라 이르고 성에 따르는 것을 도라 이른다고 하였다(天命之謂性 率性之謂道).

정영선 교수는 『茶道哲學』이라는 책에서 신라, 고려 때부터 많은 승려나 선비들의 다도사상을 정리하여 대부분 중정(中正), 중화(中和) 등으로 요약하였는데 일반적 의미에서 중(中)은 알맞음이고, 정(正)은 올바름이라고 하였다. 중과 정은 다사(茶事)나 다례(茶禮)의 원리가 된다고 하였다. 다사에서의 중은 차와 다구와 인간과 자연과의 조화로움을 나타내는 것이고 정은 다의 성(性)을 따라 올바르고 합리적으로 행하는 방법이라고 하였다.

광복 이후 오늘날까지 우리나라 다인들이 가지고 있었던 다도사상은 정신수양의 다도로 지향하는 목표에 큰 차이가 없다고 할 수 있다. 올바른 정치로 도덕국가를 만들기 위한 다도사상을 이어받아 내려온 『大學』의 '수기치인지도(修己治人之道)'와 『中庸』의 '천명(天命), 성(性), 도(道), 교(敎), 중화(中和), 성(誠)' 등 유교철학의 맥을 이어가고 있다고 정리할 수가 있다.

동양 3국의 차문화는 같은 뿌리를 가지고 있지만 그 문화가 도입이 된 이후 각국의 전통문화와 융합이 되어 다도(茶道), 다례(茶禮), 다예(茶藝) 등 특색 있는 새로운 문화를 만들어 왔다. 중국의 차문화는 당나라 육우의 『다경』이 주축이 되어 발전되어 왔으며 일본의 다도는 수양적인 측면을 강조해 성장해 왔고, 우리나라 다도는 접빈의 예물로 사용되어 그 문화적 다양성이 매우 높다고 할 수 있다. 정영선은 이것을 정리하여 다도란 경험적 찻일(茶事)의 바른 방법, 또는 그러한 행위를 통하여 얻는 진리와 깨달아 도달하는 자연조화의 정신적 경지를 뜻한다고 하였다. 일본에서는 다도, 중국에서는 다예(茶藝), 우리나라에서는 다례(茶禮), 또는 다도(茶道)로 표현되고 있다. 다도철학은 다도의 근본진리 혹은 다도문화에 있는 형이상학적 관념체계의 뜻으로 다도사상, 다도정신, 다도관, 다례정신, 다도경(茶道境), 다리(茶理) 등으로 설명되어진다고 하였다.

일제 강점기에서 해방된 우리나라는 6.25한국전쟁의 혼란기를 거쳐 국민들의 각고의 노력으로 경제적으로 정치적으로 장족의 발전을 해왔으며 이제 세계선진국 대열에 진입하려는 꿈을 이룩하려고 하고 있다. 이러한 큰 발전이 있었음에도 불구하고 여러 가지 부정적인이 요소가 사회 곳곳에 잠재되어 있다. 이러한 여러 곳에 쌓여있는 마이너스 요인을 깨끗이 교화시켜 우리가 원하는 선진국 대열에 동참하기 위해서는 우리 국민의 정신이 똑 발라야 한다고 주장하는 사람들이 많이 있다. 이러한 국민정신 정화를 차를 통해 하자고 하는 주장이 힘을 얻고 있다. 이러한 운동은 어린 나이 때부터 차를 접하여 차를 마시는 버릇을 들이어 지속적이며 장기적으로 해나야 한다고 말한다. 특히 초등학교 급식에서부터 차를 제공함으로써 어릴 때부터 차교육을 통한 새로운 마음가짐을 갖도록 해가자고 하는 사람들이 많아지고 있다.

  차문화가 가지고 있는 좋은 점을 우리 생활 속에서 같이 접목시킴으로써 차의 플러스 효과를 극대화시켜 나가자고 하는 것이다. 정신적인 혼란의 시기를 슬기롭게 이겨 나가기 위해 새로운 국민적 철학이 필요하며 이러한 때에 국민 정신문화 함양을 위해 차문화를 도입하는 것도 바람직한 일이 될 것이다.

가훈에 대하여

어릴 적에 학교에 가면 교훈이 있었다. 6.25한국전쟁 중에 다녔던 초등학교의 교훈은 생각이 나지 않고 휴전할 적에 입학하여 다니던 중학교 교훈도 기억이 가물거린다. 그러나 4.19가 나고 이승만 정권이 무너지던 해에 다녔던 고등학교 교훈은 지금도 생생하게 기억하고 있다. 그것은 학행일치(學行一致)였다. 배운 것을 행하라는 것, 아는 것을 행동으로 옮기라는 것이다. 논어 위정편에 '학이불사즉망(學而不思則罔) 사이불학즉태(思而不學則殆)', 즉 '배우기만하고 생각하지 않으면 얻음이 없고, 생각하기만하고 배우지 않으면 위태롭다.'에서 학행일치라는 말이 나온 것 아닌가 생각해 본다. 항상 같이 해온 '학행일치'라는 교훈이 내 삶의 지표가 되어 왔다.

가정에도 지켜야 할 가훈이 있다. 경전이나 성경에서 가져온 가훈도 있고 고전에서 따 온 것도 많다. 우리나라에서 가장 오래된 가훈은 장성(長城) 서씨 가문에 고려시대 문하시중을 지낸 서릉(徐陵, 1213~1261)의 「거가십훈(居家十訓)」이 있다. 삼강오륜을 지키며 조상을 공경히 받들고 자식교육을 잘 시키는 유교의 덕목을 담아 만든 것이다. 아마도 중국 주자가훈(朱子家訓)의 영향을 받은 것처럼 여겨진다. 조선시대의 사자성어로 된 가훈 108개를 모아 놓은 것을 보면 태반이 충이나 효 등 사대부가(士大夫家)에서 지켜야할 덕목들이 많으며 성실, 정직, 인내 등 스스로 자기 자신을 훈련하고 단련하는 가훈도 많이 있다.

중국에는 '난득호도(難得糊塗)'라는 사자성어가 가훈으로 널리 사용되고 있다고 한다. 이는 청나라 때 양주팔괴 중에 한사람인 정판교가 지은 것으로 전해지고 있다. 양주는 항주에서 북경까지 연결 된 경항대운하(京杭大運河)에 위치해 있어서 청나라 때 염상(鹽商)들이 모여들어 많은 부를 축적하게 되었으며 이들은 문인들을 불러들여 문화의 꽃을 피우게 된다. 시서화(詩書畵)에 능한 문인들 중에 8명의 괴짜가 있었는데 이들을 양주팔괴라고 불렀다. 그 중에 한 사람이 판교(板橋) 정섭(鄭燮, 1693~1765)이다. 시서화중에서도 대나무 그림이 뛰어났으며 특히 판교체라는 새로운 서체를 만들어 냈다. 정섭은 집안이 가난하여 친구의 도움으로 늦게 공부하여, 건륭 때 진사가 되었고, 44세를 전후하여 비로소 산동의 범현(范縣)과 유현(濰縣)의 현관이 되었다.

판교는 7품의 낮은 벼슬이었으나 언제나 청렴결백하였으며 백성들의 삶에 깊은 관심을 가지고 온화한 성품으로 사랑을 실천해온 관리였다. 산동순무(山東巡撫)를 지내면서 그린 청죽화(淸竹畵)에 백성의 고충에 귀 기울이는 시를 남기기도 하였다.

　　衙齋臥聽蕭蕭竹
　　疑是民間疾苦聲
　　些小吳曹州縣吏
　　一枝一葉總關情

　　관청에 누워 쏴쏴하는 대나무 바람 소리를 들으면

▲ 정섭의 난득호도 현판 글씨

마치 백성이 고통 받는 소리인 듯하여
우리 같은 주·현의 하급관리들은
가지 하나 잎사귀 하나에 관심을 기울인다.

정판교는 어느 날 백성의 삶을 살피러 나갔다가 날이 어두워져 점 잖고 인자한 노인이 주인인 시골집에 머물게 되었다. 방안에는 책상 크기의 정교한 벼루가 있었는데 그 받침에 '호도(糊塗)'라는 주인의 호를 보았다. 호도란 바보라는 말이 아닌가? 주인이 판교에게 벼루 받침에 글을 써주길 원하자 '난득호도(難得糊塗)'라 쓰고 그 아래 작은 글씨로 '聰明難, 糊塗難 由聰明而轉入糊塗更難 放一着, 退一步, 當下心安, 非圖後來福報也,'라고 적었다. 총명하기는 어렵고 어리석기 또한 어렵다. 총명한 사람이 어리석게 되기는 더욱 어렵다. 마음을 비우고 한 걸음 물러나면 당장에 마음이 편안해지니, 뜻하지 않고 있노라면 훗날 복으로 보답이 올 것이라는 뜻이다.

판교체로 적은 '난득호도'라는 시판이 유명해지게 되어 일반 가정에 가훈으로 많이 걸리게 되었다. 판교체는 왕희지, 안진경, 구양수의 명필과는 다르게 글씨라기보다는 추상화 같은, 그림 같은 글씨라 할 수 있다. 이 글을 많은 사람들이 좋아하는 것은 정직하고 청렴하게 일생을 살아온 정섭의 삶을 닮고 싶었기 때문이 아닐까?

우리나라 김수환 추기경은 스스로 '바보야'라고 쓴 자화상을 그리고 '바보야'하고 불러주길 좋아했다고 한다. 추기경도 총명한 사람이 바보되기 어렵다는데서 붙인 이름이 아닐까 싶다. 돌아가신지 10년이 다 되어가지만 아직도 많은 사람들이 그리워하고 있는 것은 참사랑을 실천하면서 살아온 그 분의 삶을 기억하고 있기 때문일 것이다.

또한 최치원 선생의 후손인 경주 최부자집 가훈도 유명하다.

"재산은 1년에 만석 이상 모으지 마라. 흉년에는 남의 논, 밭을 매입하지 마라. 가문의 며느리들은 시집을 오면 3년 동안 무명옷을 입혀라. 사방 100리 안에 굶어 죽는 사람이 없도록 하라. 나그네를 후하게 대접하라. 절대 진사 이상의 벼슬을 하지 마라."인데 최부자집에서는 이 가훈을 실천하면서 부를 지켜온 까닭에 지금까지도 많은 사람들에게 널리 회자되고 있다.

최근 전직 대통령 중에 한 분이 재임할 때의 부정직한 혐의를 받아 구속되어 재판 중에 있는데 그분의 가훈이 '정직'이라고 하여 세간의 웃음거리가 되고 있다. 이는 마치 중국 서안시 비림박물관(碑林博物館)의 당 현종의 비를 떠올리게 한다. 박물관 입구에 높이가 3~4m가 넘는 큰 대리석에 효(孝)라고 쓴 당 현종의 글자가 새겨진 비석이 건물 안 전시실에도 들어가지 못하고 문밖 유리관 안에 놓여 있다. 이는 당 현종이 아무리 글씨를 잘 썼다고 하나 며느리인 양귀비를 자기 애첩으로 삼은 부도덕한 사람의 글이라 하여 제대로 대접을 할 수 없어 건물 바깥에 세워 놓았다고 한다.

이와 같이 가훈은 그 내용도 중요하지만 그 보다 더 필요한 것은 자기 분수에 맞는 가훈을 정하고 그것을 성실하게 행동으로 옮기는 것이 의미있다고 할 것이다.

수목장의 효시
── 오재 김장수 선생님

대학에 들어가 대학원까지 나의 청춘기를 오재(悟齋) 김장수(金樟洙) 선생님 연구실에 들어가 보냈습니다. 선생님은 1919년 태어나시어 2004년에 돌아가실 때까지 고려대학교 임학과에서 오직 한 길 임학에 온 정성을 다 바친 분입니다. 항상 인자하시고 자상하시며 쉬지 않고 학문 연구에 매진하셨습니다. 모시고 있던 동안 많은 것을 배우고 지도받았습니다. 대학에서 학생들을 가르치고 정년을 하기까지 대과 없이 인생의 길을 걸어 올 수 있게 된 것은 그때 선생님의 가르침을 받은 은덕으로 생각합니다.

선생님은 그 어렵던 시절 학문연구에 남다른 열정으로 우리나라 임학의 주춧돌을 놓으셨습니다. 선생님은 저의 결혼식의 주례를 맡아주셨고, 유학을 마치고 돌아온 뒤에도 항상 곁에서 가족처럼 돌봐주셨던 부모님과 같은 분이십니다.

평소에는 건강하시었으나 말년엔 세월의 무게를 이기지 못하고 2004년 9월 6일 귀천하셨습니다. 돌아가시기 전 선생님께서는 고려대학교 학교림이 있는 양평의 숲속 떡갈나무 아래 수목장을 해달라고 유언하였습니다. 선생님의 수목장은 도하신문과 방송에서 큰 뉴스가 되었습니다. 이를 계기로 보건복지부에서 입법 예고를 거쳐 2008년 우리나라에서 처음으로 수목장법, 즉 자연장법이 시행되게 하였습니다. 수목장이라는 이름이 자연장으로 바뀌어 입법된 것은 나무뿐만 아니라 장미와 같은 작은 나무나 패랭이꽃과 같은 풀꽃, 또 잔디밭 뿐만 아니라 지정된 일정한 곳에 장례를 치룰 수 있도록 하였기 때문입니다.

우리나라 매장문화는 풍수지리의 명당과 접목되어 자리가 좋은 산 곳곳에 묘지가 들어서 있습니다. 묘지가 개설된 곳들은 산지로 이용도가 높은 곳으로 산지황폐화를 가져오게 되었습니다. 이러한 내용을 누구보다 잘 알고 계셨던 오재 선생님께서는 스스로 수목장이라는 장례를 통해 나무 아래 묻혀진 육신의 영혼이 나무를 타고 저 높은 하늘나라로 올라가는 길을 택하시게 되었습니다.

이 세상에 장례법은 매장(埋葬), 풍장(風葬), 조장(鳥葬), 수장(水葬) 등 여러 가지가 있습니다. 수목장법은 1998년 스위스에서 처음 실시되었습니다. 그러나 그 방법이 미숙하여 크게 확산되지 않았습니다. 그 옆 나라 독일에서는 수목장법을 도입하여 성공함으로써 세계적인 각광을 받게 되었습니다.

독일에서 성공한 비결은 화장한 골분을 비토와 섞어 나무 아래에 묻고 그 나무에는 망자 가족과 관리인만이 알 수 있는 표시를 해둡니다. 그 숲을 이용하는 일반사람들은 그 나무가 수목장을 한 나무인지, 아닌지를 전혀 모르게 처리한다는 것입니다. 또한 이러한 장례목은 아주 넓은 숲속에 한 나무씩 떨어져 있기 때문에 그 숲이 장례에 이용되고 있는지 아닌지를 일반 사람들 모르게 관리되고 있다는 점입니다. 유가족과 계약기간은 51년으로 그 후에는 그 나무는 일반목재와 똑같이 사용할 수 있게 된다는 것입니다.

▲ 우리나라 수목장의 효시기념비

　우리나라에서도 자연장법에 따라 여러 곳에 사찰이나 교회 등에서 수목장 사업을 벌이고 있습니다. 그러나 그 숲에 가보면 장례에 이용된 나무에는 그 아래 묻힌 망자의 이름을 쓴 큰 표찰을 걸어 놓았습니다. 옆에 바로 서 있는 나무마다 이렇게 표시를 해놓아 그 숲에 들어가면 별로 신선하거나 상쾌한 기분이 들지 않습니다.
　사람은 흙에서 나서 흙으로 돌아갑니다. 아담이란 그리스말로 흙이라고 합니다. 흙으로 돌아가 어떻게 하늘나라로 올라 갈 수 있을까요? 그것은 흙으로 돌아가 흙 속에서 자란 나무를 타고 하늘나라로 올라간다는 것입니다. 우리의 육(肉)이 다 사그라지면 그 속에 남아있는 영(靈)은 같이 살고 있는 나무에 의지하여 하늘나라로 귀천하게 되는 것이라고 합니다.

　나무는 성스러운 존재입니다. 그 밑에 잠들어 그 나무를 통해 귀천할 수 있다면 얼마나 행복할까요? 차를 많이 마시는 우리 차인들은 건강하게 오래 살아 108세가 되는 차수(茶壽)를 다 누릴 수 있다고 합니다. 그래도 언젠가 이 세상을 떠나 본래 왔던 곳으로 돌아가야 할 때가 어느 누구에게나 다가 올 것입니다. 그때 나는 어떤 방식으로 삶을 마무리할 것인가에 대해 깊이 생각해 봐야 할 것입니다.

오재 선생님이 마지막 가시면서 우리에게 남겨준 수목장의 의미는 많은 제자들에게 주저하지 말고 배운대로 행하라는 학행일치(學行一致)의 삶을 되새겨 보게 하였습니다. 다시 선생님을 생각하면서 추모사 한 구절을 인용합니다.

"선생님의 생애는 아낌없이 주고 흔적 없이 가는 나무와 숲의 생애와도 같은 큰 덕을 베푼 그늘이었고, 눈보라 치는 겨울 산의 참나무처럼 의연하셨으며 창송취죽(蒼松翠竹)의 강직한 기개와 동량지재(棟梁之材)의 거목이셨지만 항상 산목의 낮은 자세로 한국임학의 발전에 크게 기여하셨습니다."

새로운 삶을 시작하면서

금년 8월 경북대학교에서 정년을 하게 되었다. 그 동안 힘들게 애쓰면서 여기까지 왔다는 생각이 든다. 초등학교 때 6.25한국전쟁을 겪었고, 중학교 때 어려운 여건에서 공부했으며 고등학교 때 4.19를 겪었고 대학교와 대학원 때 경제적으로 어려운 사회 환경 속에서 고민하고 좌충우돌했다. 그리고 연구소에 취직하여 운 좋게 이웃나라에 유학하여 공부하였으며 대학에 들어와 언제나 봄날 같은 학교생활에서 이제 정년을 맞이하였다. 많이 부족한 내가 그런대로 무사히 학교생활을 마치고 정년퇴임을 맞이하게 된 것은 함께 생활해온 선배, 동료 교수 및 학생들과 나를 알고 있는 지인들, 그리고 가족의 도움 덕택이었다.

지금 이 자리에서 다시 되돌아보면 무언가를 이루고 성취해 나간다는 생각으로 때로는 자만에 빠지기도 하고, 아집에 사로잡히기도 했으며 어떤 때는 편협된 생각과 행동으로 주변의 사람들에게 폐해를 끼친 것에 대해 깊은 반성도 하게 되었다.

대학 강단을 떠난 지금, 대학교수의 생활이 얼마나 값지고 귀중했던가를 이제 새삼스럽게 느끼며 되새겨 보게 된다. 계절은 춘하추동이 있어서 꽃피고 녹음이 우거지고 단풍이 들고 하얀 눈에 쌓이면 한 해가 가고, 다시 새해가 돌아오는데 대학생활은 항상 봄날 같은 화사하고 활력 있는 20대 초반의 젊음이들과 한평생을 같이 해온, 일 년 내내 봄만 같은 계절이 아니었던가? 지금 나는 그 좋은 봄날 속에서 30년 동안 살아오다가 정년을 맞아 북풍한파가 몰아치는 허허벌판에 홀로 나와 서 있는 것 같은 심정이 되었다.

쉬지 않고 노력하고 일하는 것이 최선이었던 것이 우리 세대의 인생철학이었다. 그러나 이제는 토요일이 쉬는 날이 되었고, 어떻게 쉬고 놀아야 할지에 대해 필요한 기술과 능력을 가져야 할 시대가 되었다. 그런데 익숙하지 못한 우리들 세대에게는 쉬는 것이 고역일 수도 있다. 이제 어떻게 시간을 보내야 할른지 막막하다는 사람들도 많이 있다. 그러나 목표를 세우고 하려는 일에 초점을 맞추면 그런대로 넉넉한 마음가짐으로 다시 남은 인생을 멋있는 수채화처럼 아름답게 그려 나갈 수 가 있을 것 같다는 생각을 해 본다. 항상 새로운 것을 추구해 왔던 60대 후반 인 우리세대에게는 창의력이라는 원동력이 있기 때문에 새로운 출발이 가능할 것이라고 생각된다.

1980년 5월 대학으로 발령을 받고 교수직이라는 직업의 정의에 대해 생각해 보았다. 이러한 생각을 한 것은 내가 어떤 일을 할 때 그 대상에 대해 정의를 내리고, 거기에 접근해가는 자연과학적인 연구방법이 내 생활에 자리잡고 있었기 때문이었다.

그 당시 문교부에서는 교수직이란 학생지도, 강의, 연구가 주 업무라고 규정되어 있었다. 시대에 따라 연구, 강의, 학생지도, 또는 강의, 연구, 학생지도 등으로 순위가 바뀌긴 했지만 이 세 가지가 교수직에서 해야 할 일의 주축을 이루고 있었다. 군사독재 시절에는 학생지도가 제일 앞에 와서 사회개혁 운동을 하지 못하도록 학생을 지도해야 했던 암울한 시기였다. 1980년대 초 전두환 정권 때 대학교수가 학교 안 울타리에 일정한 간격으로 도열하여 학교에 학생들을 들어오지 못하도록 지켜 서 있던 일이 학생지도사업이기도 하였던 부끄럽기 그지 없었던 시절도 있었다.

연구, 강의, 학생지도가 대학교수직의 할 일이라고 하지만 내 자신은 이러한 필요조건뿐만 아니라 여기에 플러스 알파가 있어야 대학교수로 충분조건이 된다고 생각했다. 그 알파란 교수 각자가 생각이 다를 수 있겠지만 나는 젊은 학생들 가슴속에 잠자고 있는 무한한 가능성에 점화시켜 주는 일, 그것이 연구, 강의, 학생지도에 덧붙여 해야 할 플러스 알파라고 생각했다. 그들 가슴속에 잠자고 있는 잠재의식에 점화를 시켜주는 것이야 말로 그들이 앞으로 새로운 세상을 만들어 살아가는데 필요한 창의적이고 미래지향적인 꿈을 가지게 하는 일이기 때문이었다.

다양한 학생들에게 자극을 주는 것은 쉽지 않은 일이지만 언제나 그들의 가슴속에 잠자고 있는 무한한 가능성에 불을 붙여 줄 수 있는 점화력이 충만한 교수가 되고자 노력하였다.

그렇게 하기위해 많은 경험을 하려고 힘써 왔으며 어려움이 있었지만 외국학술대회에는 최대한 자주 참석하려고 노력해 왔다. 또한 시간이 나는대로 책을 읽고 영화를 보며 여러 분야를 경험하며 젊은 학생들과 가까워지려고 하면서 살아왔다. 그러나 힘이 부치고 능력이 뛰어나지 못하여 항상 바라는 것만큼의 목표를 달성하지 못하고 대학교수직을 마치게 된 것을 학생들에게 미안한 생각이 든다.

이제 새롭게 '명예교수'라는 직함을 가지게 되었다. 이제 명예교수란 무엇인가에 대한 정의를 내리고 그 것에 충실하게 살아보려고 생각한다.

우선 국어사전의 설명을 보면 명예란 세상에서 훌륭하다고 일컬어지는 이름, 자랑스러운 평판, 윤리적으로는 도덕적 존엄, 곧 인격의 높음에 대한 자각, 또 도덕적 존엄이 남에게 승인되고 존경되고 상찬 되는 일, 법적으로는 사람의 사회적인 평가 또는 가치, 지위나 직명을 나타내는 말 위에 쓰여서 그 사람에게 경의를 표하고, 또 그 공로를 찬양하기 위해 증여되는 칭호로 설명되어 있다. 그 중에서 명예교수에게 붙은 뜻은 "지위나 직명을 나타내는 말 위에 쓰여 그 사람에게 경의를 표하고, 또 그 공로를 찬양하기 위해 증여되는 칭호"로 설명되어 있다. 이러한 뜻의 명예교수란 "대학교수로서 일정한 연한 근무하고 퇴직한 자 중에서 재직 중 교육적, 또는 학술적인 공적이 현저한 사람에게 그 대학이 주는 칭호"라고 하였다.

명예교수의 설명을 보면 단지 지금까지 살아온 삶에 대한 보답으로 받은 이름인 것이다. 그러면 명예교수란 그저 그대로 가만히 있으면 되는 존재인가?

독일 말에는 존재를 규정하는 단어로 sein과 söllen이라는 말이 있다. 일본말에도 존재한다는 뜻에 두 가지 말이 있다. 'いる'와 'ある'이다. 'いる'는 움직이는 존재에 쓰이고 'ある'는 움직이지 않는 존재를 나타내는 말이다. 그런데 독일의 sein이란 존재하고 있는 원형을 말하고, 그것이 있어야 할 곳에 있는 것, 즉 의미 있는 존재의 개념을 söllen이라고 표현한다. 그래서 우리 인간은 sein 상태(의미 없는 탄생)에서 söllen 상태(의미 있는 존재)로 되기 위해 살아가는 존재라고 했다. 대학 시절 철학개론 시간에 의미가 있는 삶이란 무엇

인가? 이러한 원초적인 질문을 우리는 끊임없이 해나가며 살아가야 한다고 배웠다.

현재 명예교수가 된 지금 나는 무엇을 어떻게 하면서 살아가야 할 것인가?에 대해 고민을 해야 한다고 생각된다. 그저 존재하는 있는 sein 상태가 아니라 당연히 존재해야 할 만한 가치가 있는 존재 개념인 söllen 상태의 삶을 살아가야 하기 때문이다.

젊은 시절 외국에 유학을 하는 동안 우연치 않게 선물로 받게 된 우치무라 간조(內村鑑三)의 『後世への最大遺物』이라는 책은 나에게 깊은 감동을 주었다. 우치무라 간조는 개신교의 무교회주의를 창시한 사람으로 우리나라 함석헌 선생님의 스승이었다.

우치무라 간조는 일본 기독교 청년들을 모아 놓고 우리가 이 지구를 언젠가는 떠나야 하는데 그때는 무엇을 지구에 남겨 놓으면 좋을지에 대해 이야기한 것이 이 책에 실려 있다. 첫째, 많은 돈을 남기라고 한다. 그래서 그 돈은 핍박 받고 굶주리고 가엾은 사람들에게 하느님의 사랑을 베푸는 자금으로 사용되게 하라고 했다. 그러나 어느 누구나 많은 돈을 남길 수는 없다. 돈을 남기지 못하는 사람은 무엇을 남기겠는가? 그것은 사상을 남기라고 한다.

돈도 남기지 못하고 사상도 남기지 못한다면 무엇을 남길 수가 있을 것인가? 우치무라 간조는 말한다. "고상한 생애를 남기라"고. 이것은 어느 누구나 남길 수 있으며 어느 누구에게나 이룩할 수 있는 일이라고 했다. 남에게 희망과 용기를 주는 삶을 사는 것이야 말로 고상한 생애라고 했다.

명예교수의 삶을 '고상한 생애'를 남기는 것을 목표로 세우고 살아가려고 한다. 내가 살고 있는 모습을 보고 이 세상 어느 누구 한 사람이라도 아— 나도 저렇게 살고 싶다는 마음을 가진다면 그 삶은 고상한 삶이라고 할 수 있기 때문이다. 어떠한 방법을 통해 고상한 삶을 살아갈 것인가에 대해 깊이 성찰해봐야 할 것 같다.

앞으로 정년을 한 우리 명예교수들에게 필요한 것은 살아가는 동안 건강하게 살아가는 것이다. 그러나 그러한 건강은 생의 목표가 아니라 고상한 삶을 살아가기 위한 필요조건이라고 생각한다. 건강할 때, 건강하게 살 수 있을 때 해야 할 일이 있다면 고상한 생애를 남기는 것이라고 생각한다.

명예교수회에 이제 막 입학한 신입생으로 앞으로 선배 명예교수님들의 살아가는 모습을 보고 원숙한 인생을 살아가는 방법을 배워 나가겠다고 다짐해본다.

Y대 신입생과 대화

여러분 반갑습니다. 방금 소개 받은 박용구입니다.

오늘 여러분들 앞에 서서 특별 강연을 하게 된 것은 대단한 영광으로 생각합니다. 오늘과 같은 제목에 대한 이야기는 철학을 전공하거나 인문사회과학을 전공하는 선생님이 하는 것이 더욱 잘 어울릴 텐데 자연과학을 전공한 내가 여기에 서게 된 것에 대한 이유를 생각해 보았습니다. 그것은 아마도 나도 여러분과 같은 전공을 하는 대학을 다녔고 졸업했으며 그 분야에 취업을 하여 이제는 정년을 하였기 때문에 내가 대학교 일학년일 때 여러분과 똑같은 처지에 있었던 것을 다시 되새기어 여러분들이 앞으로 걸어갈 방향을 설정하는데 조금이라도 도움이 되지 않을까 하는 마음으로 나를 추천하여 주신 것으로 생각합니다. 그래서 어렵기는 하지만 이 자리에 서게 되었습니다.

작년 8월 대학교수직을 정년하고 이제는 자유인으로 살아가고 있습니다.

오늘 이 귀중한 시간에 여러분들에게 어떠한 이야길해야 할까 생각해 보았습니다. 내가 지금까지 공부해 왔던 전공인 산림집단유전학이나, 임목생명공학 이야기를 할 수도 있겠습니다. 그러나 그것은 학생여러분들이 가지고 있는 공통관심사가 아닐 것이라고 생각했습니다. 여러분들이 가지고 있는 공통관심사는 무엇일 것인가? 그것에 맞추어 이야길하기로 했습니다. 그것은 여러분이 대학교에 들어온 신입생이라는 것입니다.

내가 대학에 들어간 것이 1962년이었습니다. 그때와 지금은 천지가 개벽되었다고 할 만큼 크게 변해 있습니다. 내가 대학교 1학년 때 느꼈던 생각을 여러분이 느낀다고 할 수는 없을 것입니다. 입는 옷이 다르고 타고 다니는 자동차가 다르고 배우는 학교의 환경이 달라져 있습니다. 물론 여러분들의 생각도 많이 달라져 있습니다. 그렇게 주변 환경이 변하고 살아가고 있는 목표가 달라졌다고 하여도 여전히 그때나 지금이나, 아니 그 그전에서부터 앞으로 닥쳐올 먼 먼 미래에까지도 변하지 않고 여전히 남아있는 숙제가 있다고 생각합니다. 그것은 우리는 왜 살고 있으며 왜 살아야 하는가에 대한 원초적인 질문입니다.

여러분 이러한 생각을 말하면 그러한 것은 사춘기 때하는 생각이고 최근에는 사춘기가 매우 빨라져서 초등학교 때부터 시작을 한다고 하는 초스피드 시대라고 합니다. 그래서 대학생쯤되면 뭐 인생이란 그렇고 그런 것인데 뭐 쓸데없는 초딩의 생각을 하고 있느냐고 면박을 주는 사람들도 있습니다. 그러나 어느 누구도 그 정답을 알고 있는 사람은 아무도 없었고 지금도 없다는 것입니다. 그것은 사춘기나 청년기나 장년기이거나 노년기이거나 간에 죽는 순간까지고 계속 가지고 있는 원초적인 물음이기 때문입니다. 이 물음을 죽을 때까지 놓치면 안 된다고 생각합니다. 항상 생각하고 또 생각하면서 자기의 삶을 꾸려 나가는 노력이 필요하다고 생각합니다.

우리가 태어나 살아가는데 여러 가지 일들을 겪습니다. 그것들이 경험이 되어 우리 삶속에 녹아들어가 자기 인생의 틀이 짜여 나가게 됩니다. 그것이 그 사람의 인간성이 되고 그 사람의 인생관을 만들어 갑니다. 이러한 경험에는 직접적인 체험이 중요한 역할을 합니다. 그러나 그에 못지않게 간접경험, 즉 독서를 하거나 영화나 연극을 보거나 미술작품을 감상하거나 음악을 듣는 것과 같은 것도 큰 몫을 하고 있다고 합니다. 그래서 독서를 통해 자기의 인생관을 튼튼히 만들어가는 것은 매우 중요한 훈련코스가 되기도 합니다. 앞에서 말한 우리들이 다 같이 가지고 가는 공통된 의문, 즉 왜 살고 있으며, 왜 살아야 하는지에 대한 답을 찾는 노력을 계속적으로 해나가야 한다는 것입니다. 그것은 인생이 수학공식처럼 쉽게 풀리는 문제가 아닙니다. 수학문제는 정답이 하나 밖에 없습니다. 그러나 우리의 삶은 정답이 무수히 많을 수도 있고 아예 정답이 없을 수도 있다는 것입니다. 아니 그런데 우리가 무엇 때문에 그것을 찾아야 하는가?하는 의문을 가질 수도 있습니다. 그러나 그것을 태어나는 순간부터 찾아야 하는 가장 원초적인 문제인 것입니다.

철학 그러면 독일을 떠올립니다. 독일 말에는 '있다'라는 존재를 나타내는 단어가 두 가지가 있습니다. 하나는 sein이고, 다른 하나는 sollen입니다. 둘 다 있다는 존재를 나타냅니다. 그러나 sein은 그저 있다는 표현입니다. 나무가 서 있고, 책상 걸상이 놓여있는 상태를 나타냅니다. 그러나 sollen은 의미 있는 존재를 나타냅니다. 있어야 할 것이 있어야할 곳에 있는 당위를 말하는 것입니다. 그래서 우리의 인생도 sein의 상태로 태어나 죽어갈 때에는 sollen의 의미를 찾아가는 것이라고도 말합니다. 여러분들의 인생도 sein에서 sollen으로 변해 가야 합니다. 그러나 이것은 세월이 가면 변해가는 몸무게가 늘어나고 키가 크는 것과 같은 물리적인 변화가 아닙니다.

쉬지않고 끈기있게 노력해 나가야 얻을 수 있는 정신적인 변화입니다.

오늘 나는 여러분들에게 sein에서 sollen으로 변해가는 방법을 같이 생각해 보고자 합니다.

우선 내가 대학교 때 생각해 왔던 나의 삶의 방식에 대해 되돌아 보고자 합니다. 우선 어떠한 일에 대해서도 스스로 정의를 내려 그 정의에 가깝게 가려는 노력을 하였습니다. 한 가지 예를 들어 '대학생'이란 무엇인가?하고 질문을 한다면 여러분은 어떻게 대답하겠습니까? 그에 대한 대답을 하지 못하면 안 됩니다. 그것은 자기의 직업에 대한 철두철미한 의미 부여를 하지 않았기 때문에 직무유기가 되는 것입니다. 대학생을 정확하게 정의하는 것은 매우 어려운 일일 것이며, 그것 또한 정답이 있는 것이 아니라고 생각합니다. 그러나 대학생은 누구나 자기의 정의를 가지고 있어야 한다고 나는 생각합니다. 각자 답이 다르기 때문에 정답이 없는 질문입니다. 때문에 정답을 맞추자고 낸 문제가 아닙니다. 그래서 내가 생각한 정의를 이야기 하려 합니다.

학생이란 배우는 사람입니다. 초,중,고등학교, 그리고 대학생 다 같이 배우는 사람으로 공통된 의미를 부여받고 있습니다. 그러나 초,중,고등학교 학생들은 가르쳐 주는 주체에 따라 지시한 대로 배우고 익히면 필요조건을 충족시킨다고 할 수가 있습니다. 그러나 대학생은 가르쳐준 것만 배우고 익힌다고 필요조건을 충족할 수가 없다고 생각합니다. 왜냐하면 대학의 의미가 무엇인지를 알아야하기 때문입니다. 한일자에 사람인자가 붙어 만들어진 것이 큰대자입니다. 중국에서는 신사(紳士), 어른의 의미로 대인(大人)이라고 합니다. 하나의 인간으로서의 대접하는 의미로 사용합니다. 학생 앞에 붙은 대학생이란 초,중,고등학교 학생과 다를 것입니다. 바로 하나의 독립된 인격체로서 배우는 것입니다. 스스로 판단하여 교과목을 정하고 스스로 판단하여 자기가 선택한 것에 책임을 지는 것입니다. 우선 대학교에는 담임선생이 없습니다. 일일이 따라 다니면서 가르치고 간섭하는 선생이 없는 것입니다. 이것은 교육에서 매우 큰 변화입니다. 모든 정보는 스스로 찾아 처리해야 합니다. 강의실이 일정치 않고 시간표가 일정하지 않습니다. 강의 시간표를 적절하게 배분하고 그 강의실을 찾아 배우고 또 스스로 그 배움에 대해 판단해 보고 다시 고쳐서 강의과목을 정정하고 바꿔 나가면서 자기가 목표로 정한 대학에서의 교육목표를 성취시켜 나가야 하는 것입니다. 바로 이것을 대학교 1학년생인 여러분들은 대학생이 무엇인가를 열심히 생각하여 그에 맞추어서 삶의 시간표를 짜나가야 한다는 것입니다.

내가 생각해온 그것이 정답이라고 할 수는 없을 것입니다. 그러나 정의를 내리고 그 정의에 맞추어 살아가는 것이야 말로 여러분들이 지금부터 해나가야 할 가장 중요한 일이라고 생각합니다. 나는 대학을 졸업하고 대학원을 졸업한 다음 연구소에 취업을 했습니다. 그곳에서 10여 년을 근무하다가 1980년에 대학교수가 되었습니다. 그때 생각해 보았습니다. 대학교수란 무엇인가라는 정의입니다. 고등교육법에 대학교수는 연구, 강의, 학생지도가 주업무로 나와 있습니다. 우리나라 정치판의 변화에 따라 그 우선순위가 바뀌는 경우도 있지만 이 세 가지가 중요한 요소로 되어있습니다. 이 세 가지를 잘 하면 대학교수가 해야 할 법적인 요건을 갖추는 것이라고 할 수가 있습니다. 그러나 내가 내린 정의에 의하면 대학교수는 이것만 가지고는 충분하지 않다고 생각하였습니다. 대학교수란 우선 지식의 전달매체로 자기의 전공과목에 대해 충분하게 학생들에게 가르쳐야 한다는 것은 필요조건입니다. 그러나 대학교수의 충분조건은 그것만이 아니라 '지식의 전달+α'라고 생각합니다. 그 알파가 무엇인가? 대학교수마다 다른 의견을 말할 수 있다고 생각합니다. 그것 또한 정답이 없기 때문입니다. 나는 그 알파가 바로 대학생 여러분들의 마음속에 잠자고 있는 잠재의식에 불을 붙여주는, 다시 말하면 여러분들의 마음속에 꿈을 심어주는 일이라고 생각하였습니다. 잠자고 있는 무한한 가능을 가진 한 젊은 학생들의 마음속에 꿈을 심어주는 일이야 말로 지식의 전달만큼 중요한 일이라고 생각해 왔습니다.

여러분 "Boys be ambitious!"라는 말을 많이 들어보았을 것입니다. 이 말은 일본 북해도대학교 교정에 작은 탑에 쓰여 있습니다. 1876년대 북해도대학을 설립하고 그 곳에서 30여 년 동안 일본의 농학도들을 교육시킨 후 미국으로 돌아가는 클라크 교수의 마지막 고별 강연의 끄트머리에 강조했다는 말이 바로 "소년들아 야망을 가져라!"이었다고 합니다. 북해도대학을 졸업한 사람들 중에 게놈설을 제창한 기하라 박사도 이 분의 제자였으며 일본의 농업발전을 이끌어 온 많은 농학자들이 바로 이 분의 제자들이었습니다. 클라크 선생의 말은 바로 학생들에게 끝없는 꿈을 심어주고 간 것입니다.

나는 바로 여러분들의 가슴에 꿈을 심어 줄 수 있는 대학교수가 되길 바랐습니다. 그렇게 하려면 어떻게 해야 하는가? 그것은 쉬지 않고 되도록 많이 읽고, 많이 보고, 많이 느끼는 생활을 해야 한다고 생각했습니다. 그래서 책을 읽었고 여행을 하였습니다. 여러분들의 마음속에 잠자고 있는 잠재의식에 점화를 시키는 일은 결코 쉽지 않은 일입니다. 각각 다른 환경, 각각 다른 교육정도, 각각 다른 생각의 틀 속에서 살고 있는 다양한 인간상들이 대학생인 여러분들을 만들어내고 있기 때문입니다. 그래서 항상 이번 시간에는 단 한 사람에게도 알찬 꿈을 심어주었으면 하고 바랬습니다. 그러기 위해서는 힘을 주어 강의하고 소리 높여 외쳐야 했습니다. 그저 시간을 보내려고 책상에 앉아있는 학생이 왜 네가 여기에 앉아있지 않으면 안될 이유를 찾을 수 있도록 되도록 크게 외친 적도 한두 번이 아니었습니다. 그래서 학생들에게 이야기했습니다. 꿈을 가지고 목표를 세우고 그것을 달성하기 위해 '삼시 세 판'의 정신으로 도전하라고 했습니다. "Try, Try Again, and More Try!"이었습니다. 최선을 다해 세 번씩 도전해 보고도 이룰 수 없다면 그것은 잘못 설정된 꿈이라고 생각하고 그 때 다시 새로운 꿈으로 바꾸어 나가면 되는 것입니다. 각 단계마다 최선을 다한다는 전제가 확인되어야 합니다. 적당히 얼버무리려 하는 것이 아니라 최선을 다하는 것, 그것이 매우 중요합니다.

1980년대 말의 〈Time〉지의 커버 사진에 DNA가 나왔습니다. 우리인생의 모든 일은 이미 DNA에 각인되어 있어서 하찮게 걸리는 인플루엔자까지도 어느 날 어느 시에 걸리게 될 것인지 이미 유전자에 결정되어 있다고 했습니다. 세 번 최선의 노력을 다해도 이룩할 수 없는 것이라면 이미 DNA에 들어있지 않는 것입니다. DNA에 들어 있는지, 안 들어 있는지 하는 것을 최선의 노력을 해보지 않고서는 확인할 방법이 없다는 사실이 우리를 슬프게 합니다. 그러나 매번마다 최선을 다하여 삼시 세 판을 하면서 점검해 나가야 한다고 생각합니다. 여러분 꿈을 가지고 목표를 설정하여 최선을 다해 세 번씩 해보면서 점검하는 삶의 패턴을 어떻게 생각하시겠습니까? 깊이 생각을 해보시기 바랍니다.

오늘 여기에서 두 가지 책을 소개하려고 합니다. 한 권은 우치무라 간조(內村鑑三, 1861~1930)가 지은 『後世への最大遺物』이라

는 책이고, 다른 한 권은 이어령 교수의 『젊음의 탄생』입니다.

『후대에 남길 최대 유물』은 1894년 일본 기독교 청년학생 제6기 여름학교에서 강연한 강연집을 이와나미문고(岩波文庫)에서 1903년 별 한 개짜리 얇은 책으로 출판한 것으로 이 책의 뒤쪽에는 방풍림을 만들어 덴마크를 구한 달가스 이야기가 실려 있습니다. 이 책을 1969년 일본에 유학하고 있을 적에 학문적 지도자고 동지였던 사까모또 박사가 나에게 선물로 준 것입니다. 사까모또 박사는 내가 임학을 전공하고 있었기 때문에 뒷부분의 덴마크의 달가스 이야기를 보라며 준 것 같았습니다. 그러나 달가스 이야기는 이미 우리나라 초등학교 교과서에 실려져 있어서 알고 있었습니다. 대학 다닐 때 좋아하던 사람 중에 함석헌 선생님이 계셨습니다. 그는 무교회주의자였으며 진정한 야인이었습니다. 그런데 이 함석헌 선생님를 가르친 선생님이 우치무라 간조였습니다. 그 우치무라가 33세 젊은 나이에 기독교 청년들 앞에서 강연한 이야기를 모아놓은 것이 『후대에 남길 최대 유물』입니다. 이 책을 받은 때가 벌써 40년이 넘었습니다. 그동안 틈이 날 적마다 손에 잡고 읽고 또 읽어 보았습니다. 우선 우치무라는 미국에서 고등학교와 대학 교육을 받고 일본에 건너온 기독교인이었습니다. 그는 기독교의 사상을 실천하려고 노력하였으며 신사참배를 반대하여 감옥살이도 했습니다. 그는 세계무교회주의를 창시한 철학자였습니다.

그 분이 일본의 기독교 청년들에게 한 강론은 우리가 이 지구를 언젠가는 떠나야 하는데 그때는 무엇을 지구에 남겨 놓으면 좋을지에 대해 이야기한 것입니다. 첫째 많은 돈을 남기라고 합니다. 그래서 그 돈은 핍박받고 굶주리고 가엾은 사람들에게 하느님의 사랑을 베푸는 자금으로 사용되게 하는 것이라고 했습니다. 미국에 철광석 광산을 많이 가진 사람이 그 돈을 가지고 고아원 체인을 만들었는데 지금도 그것이 잘 운영되고 있는 것과 같이 사용되는 것이라고 했습니다. 그러나 어느 누구나 이렇게 많은 돈을 남길 수는 없는 것입니다. 돈을 남기지 못하는 사람은 무엇을 남기겠는가? 그러면 사상을 남기라고 합니다. 그 사상은 Jhon Locke가 1752년 지은 『Essay on Human Understanding』에 있는 것과 같습니다. 이 책이 프랑스로 건너와 몽테스큐, 룻소가, 그리고 미라보가 읽고 인간이 가진 자유에 대한 강한 인식을 바탕으로 1789년부터 1799년에 걸쳐 프랑스 대혁명이 일어나게 된 것이라고 합니다. 그것이 토대가 되어 오늘날 유럽의 민주주주의 근본인 삼권분립이 자리잡게 되어 현대 민주주의 국가가 탄생하게 된 계기가 되었습니다. 몸도 불편하고 하루에 한 끼도 제대로 먹지 못했던 Locke가 런던의 다락방에서 이 책을 써서 남긴 것이 세상을 바뀌게 한 혁명의 근본이 된 것입니다. 그러니 사상을 남기는 것이야 말로 무엇보다 중요한 것이라고 할 수 있을 것입니다. 그러나 하루 일기 하나 제대로 쓰지 못하는데 이러한 사상을 남기는 것은 100년에 한 사람 나올까 말까 한 일이라고 했습니다.

   돈도 남기지 못하고, 또한 사상도 남기지 못한다면 무엇을 남길 수가 있을 것인가? 우치무라는 말합니다. '고상한 생애를 남기라'고. 이것은 어느 누구나 남길 수 있으며 어느 누구에게나 힘들이지 않고 이룩할 수 있는 일이라고 했습니다. 그 한 가지 예로 프랑스 작가 칼라일의 이야길합니다. 칼라일이 여러 가지 많은 저서를 남겼지만 마지막에 『프랑스 혁명사』를 남기기로 하고 10여 년 기초 조사를 하여 원고를 완성하였는데 친구가 집에 왔다가 그 원고를 빌려 주었다고 합니다. 그런데 그 친구가 원고를 읽다가 추워서 서재에 그대로 두고 침실에 가서 잠을 잤는데 아침에 하녀가 원고가 지저분하게 교정된 부분이 많이 있어서 휴지인줄 알고 난로 불쏘시개로 집어넣어

다 태워버렸다고 합니다. 그 뒤 그 친구는 말도 못하고 있다가 한 2개월이 지나서야 칼라일이 이 일을 알게 되었다고 합니다. 돈을 태웠으면 갚아주면 되고 옷을 태웠으면 사주면 되지만 원고를 태웠으니 다시 사줄 수도 없는 난감한 처지가 되고 말았습니다. 칼라일은 이야길 듣고 거의 미치다시피되어 날마다 폭음과 방탕한 생활을 하여 건강도 나빠지게 되었다고 합니다. 그런데 어느 날 다시 생각해 보고 내가 이 정도 밖에 되지 않는 인간인가?라는 자책을 하며 5년에 걸쳐 다시 써서 지금의 『프랑스 혁명사』가 나왔다고 합니다. 등장인물이 가장 많은 책 중에 동양에서는 『삼국지』가 있고 서양에는 『프랑스 혁명사』가 있다고 합니다. 그러므로 기초조사를 하는데 매우 많은 시간이 걸리는 일입니다. 『프랑스 혁명사』는 다른 사람들이 쓴 것들도 많이 있지만 칼라일이 쓴 『프랑스 혁명사』는 이러한 일이 감춰져 있었습니다. 만약 당신이 작은 일에 가슴 아파하며 자포자기를 하려고 할 때 칼라일의 심정을 다시 느껴보시기 바랍니다.

그렇습니다. 바로 칼라일이 한번 태워먹고 만 『프랑스 혁명사』의 원고를 다시 써서 현재의 프랑스 혁명사가 나오게 되었다는 것을 알았을 때 절망과 고통을 털어내고 일어 날 수 있게 되는 것? 바로 자기가 살고 있는 모습이 남에게 희망을 줄 수 있는 삶이야말로 고상한 삶이라고 했습니다. 이러한 고상한 삶은 어느 누구나 어렵지 않게 남길 수가 있다고 했습니다. 교통사고로 다리가 하나 잘려나가 장애인이 된 사람이 자꾸 자살을 시도하였습니다. 그러자 병원에 의사가 신체가 불편한 사람들이 많이 모여 있는 대중병원으로 그 환자를 옮기도록 하였습니다. 거기에는 다리 한쪽이 아니라 두 팔과 두 다리가 다 잘려 나간 사람도 그물을 만든 침상에 올려져 생존하고 있었습니다. 이러한 사람들 사이에서 그 분은 자기가 얼마나 행복한 사람인가 느끼게 되었으며 그때부터 자기 삶을 다시 찾게 되었다고 합니다. 자기의 일상의 삶이 남에게 새로운 희망을 주고 있는 삶을 사는 것이야 말로 '고상한 삶'이며 이러한 삶은 두 다리, 두 팔이 없는 사람의 삶에서도 충분하게 그 가치를 찾아나갈 수가 있는 것이라고 했습니다. 나는 이 작은 책을 몇 번이고 읽고 또 읽었고 학교의 많은 학생들에게도 부지런히 소개해주었습니다. 내가 살고 있는 일상의 삶을 보고 내 삶 전부가 아니라 아주 일부분에 대해서라도 내 주위의 누군가가 감동을 받고 아니 감동까지는 아니더라도 나도 저 사람처럼 살아보겠다는 마음가짐을 가질 수 있는 삶을 살고 있다고 한다면 바로 고상한 삶을 살고 있는 것입니다.

나는 대학교 다닐 적부터 이어령 선생의 책을 많이 읽었습니다. 1960년대 말 『흙속에 저 바람 속에』를 통해 농업사회가 산업사회로 넘어가야 한다고 역설하였습니다. 1970년대 『신바람 문화』는 우리나라 사람들의 일상 문화는 푸는 문화로 신 바람나게 일할 수 있도록 규제를 푸는 것이 중요한 일이라고 군사독재의 억압에 반기를 들었습니다. 1980년대 「벽을 넘어서」는 올림픽 분위기로 고양된 우리 민족 의식을 남북을 넘어 세계로의 선언이었으며 1990년대 "산업화는 늦었지만 정보화는 앞서 가자"는 한국이 새로운 글로벌 정화사회의 리더로 나아갈 것을 주장하였습니다. 그리고 2000년대 「디지로그 선언」에서 세계가 놀라는 파워코리아의 힘, 아날로그와 디지털의 문명융합을 제시했습니다.

이어령 선생은 1934년생이니 우리나라 나이로 78세가 되었습니다. 그러나 그분은 정말로 나이는 숫자에 불과한 것처럼 사시고 계십니다. 2008년 『젊음의 탄생』이라는 책을 내놓았습니다. 그 책은 대학생, 특히 대학교 신입생들을 위해 쓴 책입니다. 이 책을 읽으면서 저자의 나이를 느낄 수 없었습니다. 30대의 정열과 70대의 성숙이 다 같이 녹아 있습니다. 이어령 선생은 어느 누구보다 첨단의 생각을 어느 누구보다 선진적 사고를 쉬지 않고 구사하고 창조하고 계십니다.

이 책에서 9 가지의 Magic Card를 제시하며 이야길 이끌어 가십니다. '카니자 삼각형', 우리 마음 속에 존재하는 가상공간이야말로 지적 호기심과 거침없는 상상력이 뜨고 날고 춤출 수 있는 창조적 지성의 인큐베이터이라고 합니다. "뜨는 것은 추락한다. 젊은이여 날라라"고, 그 다음은 물음느낌표(Interrobang)입니다. "젊음은 물음표와 느낌표 사이에서 매일 죽고 매일 태어난다. 생각하는 물음표와 행동하는 느낌표가 하나로 합쳐졌을 때 젊음의 태양을 불러오는 새벽노을은 더욱 붉게 타 오른다."라고 말합니다. 세 번째 개미의 동선(Ant's Trace), 젊음의 방황 속에 넘어지고 깨지고 쓰러지더라도 잊지말아야할 한 가지는 "목표를 향한 끝없는 도전과 흔들리지 않는 믿음, 그리고 지치지 않는 탐색의 열정이라고 합니다." 네 번째 오리-토끼(Duck-Rabbit Illusion)입니다. "진정한 지식과 진리는 양면성을 띠고 있다. 오늘의 젊은 지성은 이것이냐, 저것이냐의 택일 패러다임에서 탈출해 이것이기도 하고 저것이기도 한 겹눈의 시각으로 이동해야 한다"고 주장합니다. 다섯 번째 매시업(Mash Up), "섞어라 버무려라. 그러면 주실 것이다! 만나고 섞이고 통하여 다른 하나가 된 것은 또 다른 세계로의 진화이다. 젊은이들이여, 경계를 해체하고 패러디와 크로스오버를 한껏 누려라!" 여섯 번째 연필의 단면도(Hexagon)입니다. "세모나 네모의 각진 사고는 편견을, 꽉찬 원형의 사고는 배척의 함정에 빠지기 쉽다. 균형 잡힌 육각형의 사고, 마음껏 쓰고 또 지울 수 있는 지우개의 사고를 연필에서 배우라!"

다음 일곱 번째 빈칸 매우기(Blank), "무슨 글자가 빠졌을까? 빈

칸은 결핍이다. 그러나 결핍은 필요를 낳고 필요는 목표를 낳고 목표는 창조를 낳고 창조는 당신의 젊음을 더욱 새롭고 찬란하게 만들어줍니다". 여덟 번째 지(知)의 피라미드(Knowledge Pyramid), "아마추어와 프로를 구분하는 기준은 진정 그것을 즐기느냐, 아니냐의 문제에 있다. 젊은이들이여, 그레이트 아마투어가 되어라! 知好樂". 마지막 아홉 번째 둥근 별 뿔난 별(Form of Stars), "동양인은 별이 둥글다 했고 서양인은 사람이 사지를 벌리고 선 모양이라 했다. 레오나르도 다빈치의 인체 도형은 원과 네모의 두 테두리, 동양과 서양이 그 안에 동시에 존재한다."고 말합니다.

이 책을 여러분들은 이미 읽었을 것으로 알고 있습니다. 그러나 다시 한 번 안광(眼光)이 지배(紙背)에 철하도록 철두철미하게 다시 읽어보시기 바랍니다. 대학교 일학년 학생들에게 많은 도움이 될 것으로 생각됩니다.

오늘 마지막으로 내가 여러분들에 할 이야기는 자신을 가지고 자기인생을 설계하고 만들어가야 한다고 생각합니다. 내가 고등학교 2학년 적 1958년인가 1959년 이승만 정권 때 변영태 외무부 장관이 학교에 오셔서 학생들 앞에서 강연도 하시고 자기 건강을 위해 60평생이 넘도록 꾸준히 하고 있다는 아령운동을 보여 주셨습니다. 그런데 그 분은 키가 매우 작았고 얼굴도 잘생긴 미남이 아니었다고 기억됩니다. 그때 항상 반에서 키대로 번호를 매기는데 3번이상이 되어 보지 못한 나는 저 정도의 인물로도 외무부 장관을 하시는데 내가 키도 작고 얼굴이 잘나지 못했다고 해서 안 될 것이 무엇이겠는가 하고 자신을 가지게 되었습니다.

여러분 좋은 선생을 만나 배우는 것만큼 행복한 일이 없다고 합니다. 그러나 별로 좋지 않는 선생을 만나도 배우려는 의지를 가진 학생은 그렇지 못한 학생보다 훨씬 많은 것을 배울 수 있습니다. 업고 있는 아기에게서도 배운다는 속담이 있습니다. 여러분 오늘 나를 만나 이야길 들을 수 있게 된 것은 저에게는 영광이지만 여러분들에게 대단한 기회가 될 것으로 믿습니다. 여러분들이 보시다시피 외모가 이렇습니다. 키가 작고 얼굴이 잘 생기지 못했습니다. 그러나 어느 누구보다 열심히 살고 있고 살아왔습니다. 여러분 여러분은 나를 보고 내가 변영태 외무부장관님에게서 얻었던 자신감을 충분히 가지시길 바랍니다. 오늘 만남은 바로 여러분들이 마음속에 있는 잠재의식에 나를 통해 얻은 새로운 자신감이라고 생각합니다. 나는 믿습니다. 바로 여러분들이 오늘 이 시각 무엇인가를 할 수 있는 새로운 사람으로 창조 되어 나가고 있다는 것을.

영남대 신입생 여러분! 이어령 선생의 말을 인용합니다. 떠 있는 것은 추락합니다. 추락하지 않으려면 날아가야 합니다. 뜨는 것은 다른 사람의 힘에 의해서 될 수가 있을지 모르지만 날아가려면 스스로 추진력을 만들어야 만합니다. 추진력을 만들지 못하면 추락하고 맙니다. 여러분! 대학생의 의미와 뜻을 새기십시오. 그리고 위대하게 큰 꿈을 가지는 대학생이 되길 바랍니다.

다시 한 번 여러분의 대학입학을 진심으로 축하합니다.

감사합니다.

4
사마천을 따라 걷다

대묘 앞에 서 있는 측백나무

　태산은 중국 산동성 태안시에 자리잡고 있는 산이지만 우리나라 사람들에게는 매우 친숙한 이름이다. 어린 시절 초등학교에서 배웠던 "태산이 높다하되……"라는 시조(時調)도 있어서 마치 우리나라에 있는 산처럼 친근한 산이다.
　중국에는 고대부터 통치자들이 오악을 정해 놓고 하늘과 땅에 제사를 지내어 백성의 안복을 빌어 왔다. 그 오악이 낙양 근방에 중악인 숭산(嵩山)이 있고 동쪽에 태산(泰山)이 있으며 서쪽에 화산(華山), 남쪽에 형산(衡山), 북쪽에 항산(恒山)이 있다. 이들 산들이 크고 높기 때문에 오악으로 정해진 것은 아니고 음양오행설에 따라 숭배의 대상으로 결정되었다. 이 산 중에도 동쪽에 있는 태산을 제일로 쳤다. 성인 공자도 태산에 올랐지만 중국을 처음 통일한 진시황도 이곳에 와 제사를 올렸고, 그 후 100여 년이 지나 한무제(漢武帝)도 이곳에서 제사를 지냈다. 그 후 수많은 중국의 황제와 왕들이 이곳을 방문하여 제사를 올려 유명한 명소가 되었다.
　태산에 오르기 전에 태산 아래 있는 대묘(岱廟)에 들려 제사를 올린 뒤 산을 오르게 된다. 태산 대묘 입구에 아름답게 꾸며 놓은

▲ 태산에 제사를 지내던 대묘

문을 들어서면 큰 건물이 나온다. 이 건물이 대묘로 청나라 건륭 황제가 세운 중국 삼대 묘사 중에 하나라고 한다.

대묘 앞마당으로 나오면 사람 키만 한 비석에 '한백(漢柏)'이라는 글자가 새겨진 오랜 세월에 씻긴 비석이 고목 앞에 서 있다. 백(柏)자는 나무목 변에 흰백 자를 썼으니 나무를 나타낸 것인데 측백나무 백, 또는 잣나무 백이라고 읽는다. 느티나무를 우리는 괴목(槐木)이라고 하는데 중국에서 괴목이라면 회화나무를 가리키고 느티나무는 거목(欅木)이라고 쓴다. 그러니 잘못하면 느티나무가 회화나무로 바꾸어 질 수도 있다. 한자로 나무이름이 나오면 여러 가지 상황을 잘 따져 알아봐야 한다. 한문으로 쓰인 나무이름을 정확하게 아는 것이 참 어렵다. 이 백자 역시 어렵기는 마찬가지다. 이태백이나 두보가 활동하면서 살았던 양자강 지역이나 장안 근방에는 잣

▲ 태산을 10번이나 올랐던 건륭 황제   건륭 황제가 세운 편백나무 그림비 ▲

나무가 자라지 않는 곳이다. 그러니 그들의 문장이나 시에 나오는 백자는 측백나무라고 해야 하는데, 우리나라에 번역된 것을 보면 잣나무로 되어 있는 것도 있으니 이것 또한 확실하게 확인해 볼 일이다. 한백(漢柏)이라는 비석이 서 있는 바로 옆 담벼락 앞에는 높이가 2~3미터가 넘는 오석(烏石)에 측백나무 모양이 새겨져 있다. 이것은 청나라 건륭 황제(1711~1799)가 이곳을 방문하고 그 당시 측백나무 모습을 이 비에 새겨 세웠다고 한다.

건륭(乾隆)이 누구인가? 그는 바로 우리와 격하고 살았던 여진족이 아닌가? 이들은 송나라 시대는 금나라를 세워 중국을 반쯤 먹더니 그 뒤 500년이 흐른 뒤 명나라를 완전히 점령(1644)하여 1911년까지 전 중국을 통치한 이민족이었다. 그들은 중국이라는 용광로에 들어가 완전히 자기 문화를 잃어버리고 중국화가 되어버려 사라진 민족이 되고 말았다. 그러면서 그 청나라 지배자들이 중국의 역사를 다시 만들었다고 하니 아이러니가 아니겠는가?

이 한백이라는 나무를 심은 사람은 한나라 무제(武帝)다. 진시황이 태산에 제사를 지내고 난 뒤 한나라 무제도 태산에 제사를 지내기로 작정하고 모든 준비를 태사령인 사마담(司馬談)에게 시켰다. 장안에서 태산까지 그 먼 길을 수많은 사람을 데리고 이곳까지 와서 태산에 제사를 지낸 것이다. 그 모든 계획의 중심에 사마천(司馬遷)의 아버지 사마담이 있었다. 제사를 관장하는 태사령이었던 사마담은 무제의 명을 받아 태산에 제를 올리기 위한 모든 계획 세워 추진해갔다. 그렇게 준비했으나 막상 태산으로 출발할 당시 병이 나서 무제와 같이 가지 못하게 되었다. 그는 이 일을 매우 서운해하면서 자식인 사마천에게 "중국에 역사책은 공자가 만든 춘추(春秋)가 있으나 이미 500년이 지나 내가 중국의 역사책을 만들고자 하는 뜻을 가졌으나 이제 명이 다해 죽게 되었으니 네가 반드시 그 일을 해주기 바란다"는 유언을 남겼다. 무제와 사이가 좋았던 사마천은 아버지의 뒤를 이어 태사령에 올라 아버지의 유언인 역사책을 만드는 일에 골몰하였다. 그러던 중 흉노에 항복하여 무제의 분노를 산 이릉(李陵) 장군을 모든 신하들이 비난하여 무제의 비위를 맞추고 있었으나 오직 사마천이 그를 옹호하는 상소를 올려 무제의 미움을 사 사형선고를 받고 말았다. 아버지의 유언도 이루지 못하고 죽을 수 없었던 그는 스스로 치욕스러운 궁형(宮刑)을 받고 살아남아 역사에 길이 빛나는 『사기(史記)』를 완성하였다.

무왕은 장안을 출발하여 그 먼 길을 장시간이 걸려 태산에 도착하여 대묘에서 제를 지내고, 기념으로 그 대묘 앞마당에 여섯 그루의 측백나무를 심었다. 한 무제가 이곳에 온 것이 B.C. 110년이니 지금부터 2127년 전의 일이다. 그 오랜 기간 동안 두 그루의 측백나무는 죽고 현재 네 그루가 남아 있다.

▲ 한백이라 이름을 붙인 측백나무 1호

철사줄에 온 몸을 감겨있는 측백나무 2호 ▲

살아남은 측백나무 3호, 4호(2016. 10. 26. ▲

이천년 동안을 죽지 않고 견딘 측백나무를 보고 만고풍상을 겪었다고 할 것이다. 수피는 거의 벗겨져 나갔고 몸뚱이 같은 줄기는 내장을 다 드러낸 처절한 모습으로 아직도 그 자리에 그대로 서 있다. 한나라 이후 수, 당, 송, 원, 명, 청나라의 그 많은 황제와 왕들이 이곳에 와서 제사를 지낸 모습을 이 고목들은 낱낱이 기억하고 있다고 생각하니 감회가 더욱 깊어졌다.

서상욱의 〈고전 속 정치이야기〉「태산한백(泰山漢柏)」(천지일보, 2015. 10. 1.)를 옮기면 다음과 같다.

태산은 중국인에게 영혼의 고향이다. 역대 제왕은 제국의 안녕을 기원하는 봉선(封禪)을 거행했고, 수많은 사람들은 성지로 여겨 평생에 한번이라고 오르려고 했다. 입구에 있는 대묘(岱廟)는 태산신인 동악대제를 모신 곳이다. 병령궁(炳靈宮), 또는 동궁(東宮)이라 불렸던 한백원(漢柏院)은 배천문(配天門) 동남쪽에 있다. 이곳에는 한무제가 봉선을 하러 왔다가 심었다는 잣나무 6 그루가 있다. 한백은 송나라 때 한 그루가 죽고 청의 건륭시대까지 5 그루만 남았다가 최근에 1 그루도 고사했다. 남은 4 그루도 너무 늙어서 특별한 관리를 하지 않으면 곧 고사할 것 같다. 그러나 아직도 남은 가지에 푸른 솔잎이 무성해 애잔한 느낌을 준다. 친구 노악(魯岳)은 6그루 가운데 하나는 고사한 것이 분명하지만, 나중에 죽은 하나는 고사한 것이 아니라 어떤 몰지각한 인간에게 살해됐다고 한다.

1929년, 군벌의 혼전이 벌어졌을 때 국민당 산동주석 손량성(孫良誠)이 태안에 주둔했다. 그는 대묘를 본부로 삼고 천황전을 마구간으로 삼았다. 이 무지한 인간은 마구간을 넓히려고 벽화에 구멍을 뚫고 사다리를 걸친 다음 구유를 설치했다. 숭고한 공간은 말이 치지하고 말았다. 적미군(赤眉軍)이 한백을 자르려고 했다가 칼을 대자마자 나무에서 피가 줄줄 흘러서 다시는 손도 대지 못했다는 이야기가 들렸다. 확인해 보니 그때까지 당시의 흔적이 남아 있었다.

어떤 졸병이 직접 확인하겠다고 설쳤다. 도사가 말리자 병사는 오히려 도사의 두 귀를 잡고 욕을 퍼부으며 칼까지 휘두르다가 가버렸다.

도사가 그 사실을 손량성에게 보고했다. 손량성은 이미 천황전을 마구간으로 만든 주제에 나무를 보호했다는 명예를 얻고 싶었다. 그는 도사에게 자신이 얼마나 문물을 아끼는지 설명한 후에, 못된 짓을 저지르려고 했던 졸병을 찾아 직접 징벌하겠다고 약속했다.

다음날 손량성은 부대를 집합시키고 일장 훈시를 한 후에 도사에게 못된 짓을 한 놈을 직접 찾으라고 했다. 손량성은 끌려나온 졸병을 직접 매질했다. 양식이 있는 사람이라면 잘못을 뉘우치지만 소인배는 오히려 앙심을 품는다. 졸병은 한백에게 화풀이했다. 이 녀석은 어느 날 밤에 솜뭉치에 기름을 부어 그것으로 한백에 뚫린 구멍을 메웠다.

사람들이 발견했을 때는 이미 2천년이 넘은 나무가 몽땅 소실된 후였다. 친구 노악은 이 이야기를 태산 일대에서 수집했다고 주장했다. 사실일 수도 있지만 어쩌면 국민당의 악행을 선전하기 위해 조작된 이야기일지도 모른다는 느낌이 강하다.

기사 중에 "봉선을 하러왔다가 심었다는 잣나무 6 그루가 있다."고 했는데, 편백나무를 잣나무로 잘못 쓴 것이다.

이 한백(漢柏)은 태산 팔경 가운데 하나로 꼽히고 있으며, 원(元)나라 왕혁(王奕)은 「한백(漢柏)」의 처량한 모습을 다음과 같이 묘사했다.

    腑剝心枯歲月深
    孫枝已解作龍吟
    烈風吹起孤高韻
    猶作峰頭梁甫音

    오랜 세월이 지나 장부가 튀어나오고 심장이 메말랐으나
    어린 가지가 이미 헤치고 나와 용처럼 소리를 지르네.
    매서운 바람에 고고한 소리
    산봉우리에서 나는 만가처럼 들리네.

송대의 곽무천(郭茂倩) 『악부시집』 해제에서 "양보(梁甫)는 산이름으로 태산 밑에 있다. '양보음'은 사람이 죽어서 이 산 밑에 묻힐 때 부르는 만가(挽歌), 즉 장송곡(葬送曲)이었을 것이다"라고 하였다. 제갈량도 이 노래를 좋아하여 젊은 시절에 많이 불렀다고 전한다.

대묘(岱廟)에서 오랜 역사의 향기를 느낄 수 있는 대표적인 것은 한백이다. 오랜 세월을 버티며 내장과 속살이 다 메말라 가면서도 지금까지 견디어 살아남아 봄이면 새 가지를 뻗어 바람이 불면 심장을 때리는 만가 같은 측백나무의 바람 소리가 흥망성쇠의 길고 긴 중국의 역사를 전해주고 있는 것 같아 보는 이의 마음을 숙연하게 할 뿐이다.

육유의 사랑가 「채두봉」

　여름 내내 그림자 짙던 품 넓은 느티나무에 노란 달빛이 내려앉았다. 보름달을 닮아 고운 빛으로 물들더니 늦가을 바람에 비단비가 되어 내린다. 가을이 깊어가고 있다.
　인생을 흔히 계절에 비유하기도 하는데 정년을 하고 한가하게 지내고 있는 요즈음을 굳이 계절에 비유한다면 가을의 초입에 들어섰다고 할 수 있지 않을까?
　멍에처럼 매고 있던 무거운 짐을 내려놓고 편안한 마음으로 한 곳에 집착하지 않는 여유로움이 있고, 눈이 시리도록 푸르른 가을 하늘을 올려다 보기만 해도, 갈잎에 스치는 바람 소리를 듣기만해도 괜히 무언가 가슴에 찡한 울림이 느껴지는 그런 나이가 된 것이다.
　인간의 본능적 욕망은 그 나이에 따라 많이 달라진다고 한다. 욕망은 식욕, 성욕, 물욕이 있는데 어릴 때에는 식욕이, 성장하여 젊을 때는 성욕, 그리고 나이가 들어가면 물욕이 왕성하게 된다는 것이다. 그래서 늙어서 부리는 물욕을 노욕이라 하여 잘못 관리하면 사람이 매우 추해진다고 했다. 이 노욕을 잘 살펴야만 편한 노년생활을 보낼 수 있다고 한다. 그러나 이 세 가지 욕망이 항상 같이 존재하고 있으나 단지 나타나는 강도가 나이에 따라 다를 뿐이다. 그래서 우리는 먹는 것, 사랑하는 것, 그리고 재물에 대한 이야기가 필부들의 주된 대화의 내용이 된다.

아무리 나이가 들어도 아름다운 여인을 보면 몸은 동하지 않아도 마음이 동하는 것도 우리 인간은 이 세 가지 욕망 속에 영원히 갇혀 있는 것인지도 모를 일이다.

사랑의 이야기는 시대나 장소를 초월하여 회자되며 그 끝이 대부분 슬픈 것이 많다. 우리나라 「춘향전」처럼 해피엔딩도 있지만 셰익스피어의 「로미오와 줄리엣」처럼 너무나 슬픈 이야기도 있다. 그러나 중국 남송시대 육유와 당완의 논픽션 사랑이야기가 1000년이 지난 지금에도 많은 사람들의 머릿속에 남아있는 것은 소흥의 아름다운 정원 '심원(沈園)'에 그들 사랑의 시가 돌에 새겨져 지금까지 전해지고 있기때문일 것이다.

소흥(紹興)은 약 4000년 전 우왕이 정치를 하던 수도였고, 전국시대에는 월나라의 도읍지였다. 월왕 구천의 와신상담의 본거지였으며, 구천이 부차에게 원수를 갚기 위해 부차에게 바친 미인 서시의 고향이기도 하다. 또한 중국 동진의 서예가 왕희지가 「난정(蘭亭)」을 지어 살았던 곳이며, 최근의 역사에서 중국 현대 문학의 최고봉인 노신(魯迅)의 고향이기도 하다. 소흥은 수나라 때 대운하가 만들어졌으며 도시를 관통하고 있는 수로의 길이만도 1900km가 넘고, 4000여 개의 다리가 있는데 돌로 된 다리만도 299개가 넘는다. 다리의 규모만 봐도 세계적으로 유명한 물의 도시 베니스의 14배가 넘는 규모이다. 이 소흥은 항주의 서호보다는 규모가 작지만 아담하고 아름다운 동호가 있고, 소주의 졸정원보다는 화려하지는 않지만 심원이라는 소박하고 단아한 정원이 있다.

심원의 정원 담벼락에는 가슴 아린 사랑이야기인 남송의 시인 육유(陸遊, 1125~1210)가 지은 시「채두봉(釵頭鳳)」과 연인이었던 당완의 답시가 나란히 까만 대리석판에 새겨져 있어 많은 사람들이 찾는 명소이다.

육유는 20세 청년시절 이종사촌 동생인 당완과 결혼을 하여 행복한 나날을 지내고 있었다. 신혼 재미에 폭 빠져 출세할 공부를 하지 않는 것을 걱정한 어머니가 육유와 당완의 결혼생활을 반대하여 결국 두 사람은 이혼하게 되었다. 그 뒤로도 육유는 당완을 잊지 못하고 시골에 숨겨두고 자주 만났다. 그것도 결국 어머니가 알게 되어 모든 것을 포기하고 연을 끊게 되었다. 그리고 공부를 하여 육유는 과거에 급제를 하고 새로 장가를 들어 살게 되었고, 당완도 황족인 조사정과 재혼하였다.

8년의 세월이 흐른 어느 봄날, 육유가 고향인 소흥 우전사 남쪽에 있는 심씨원 경치 좋은 곳에 나들이를 나갔다. 그 때 마침 멀리 정자에서 당완이 남편과 같이 주연을 하고 있다가 육유를 보게 되어 눈을 떼지 못하고 있었는데 그것을 본 남편 조사정이 그 사연을 묻게 되었다. 당완이 전 남편을 잊지 못하고 있음을 알고 조사정이 당완에게 술과 안주를 챙겨 육유에게 보내주었다. 그 곳에서 육유가「채두봉(釵頭鳳)」을 지었고, 이에 대해 당완은「채두봉에 부쳐」로 그 시에 답을 하였다. 이 두 시가 심원의 담벼락에 오늘날까지 남아있다. 당완은 육유와 헤어진 다음 시름시름 앓다가 얼마 되지 않아 죽고 말았다.

심원의 아름다운 정원을 보기위해서 많은 사람들이 오지만 그 대부분이 이 두 사람의 시를 보고 읽고 또 음미하기 위해 이곳에 온다고 한다. 아름다운 사랑의 이야기는 긴 세월이 흘러가도 여전히 우리 마음 가운데에 남아있는 것 같다.

이 가을, 심원에 새겨진 육유의「채두봉(釵頭鳳)」이 울림의 물결을 만들어 내 가슴 속에 조용히 자리잡는다.

紅酥手黃藤酒
滿城春色宮牆柳
東風惡 歡情薄
一懷愁緒 幾年離索
錯 錯 錯!
春如舊人空瘦
淚痕紅浥鮫綃透
桃花落 閑池閣
山盟雖在 錦書難託
莫 莫 莫!

고운 손 살포시 들어 술잔을 권할 적에
궁 담 안 버들가지 봄빛이 무르익었었지.
저 몹쓸 봄바람 좋은 인연 빼앗아 가서.
쓸쓸한 이 마음 숨겨온지 몇 해였나?
틀렸어, 틀렸어, 틀려 버렸어,
봄빛은 예와 같은데 사람은 부질없이 늙어
진한 눈물 흔적 손수건에 배어났네.
꽃이 진 한가로운 연못 가에
태산 같이 굳은 약속 편지도 전할 수 없어졌지.
생각말자, 생각 말자, 생각을 말자꾸나.

　소흥에서는 지금도 소흥주가 유명하다. 구천이 부차에게 바친 술이라고 한다. 그런 소흥의 술을 그 사랑했던 여인 당완(唐琬)을 눈앞에 두고, 그 옛날 봄볕은 무르익어 수양버드나무 가지에 새눈이 점점 녹색을 띠우는데 봄바람(시어미의 시샘)이 시기하여 두 사람의 인연이 끊어진지 얼마였던가? 헤어지고 다른 사람과 결혼하여 살고 있어도 잊을 수 없는 그리움을 숨겨 온지 얼마이던가? 그동안 마음고생을 필설로 다 할 수 없는데 오늘 옛날과 같은 봄볕이 그윽한 이곳에서 다시 당신을 만나니 꽃이 진 연못가에 옛 생각이 절로나 유수 같은 세월에 나이만 들어 그 서러움에 손수건만 적신다. 그 동안 편지조차 전할 수가 없었으니 이 마음 어찌하면 좋단 말인가? 아— 이것이 운명이라면 차라리 잊어야만 할 것인가?

　육유의 「채두봉(釵頭鳳)」에 당완은 답시로 「채두봉에 부쳐」를 보낸다.

　　　世情惡人情薄
　　　雨送黃昏花易落
　　　曉風乾淚痕殘
　　　欲箋心事獨語斜欄
　　　難 難 難!
　　　人成個今非昨
　　　病魂常似秋千索
　　　角聲寒夜闌珊
　　　怕人詢問咽淚裝歡
　　　瞞 瞞 瞞!

　　　세상도 야박하고 인정도 사나워서
　　　황혼에 뿌린 빗방울 꽃잎을 떨어뜨렸지.
　　　밤새 흘린 눈물 흔적 새벽바람에 말리고
　　　내 마음 호소하려 난간에 기대었지.
　　　어려워, 어려워, 너무너무 어려워.
　　　우리는 헤어져 그 옛날은 멀어졌으나
　　　그리워하는 이 마음 그네 줄처럼 오락가락.
　　　수졸(戍卒)들의 호각소리에 밤은 깊어 가는데
　　　내 마음 알려 질까봐 눈물을 삼키네.
　　　속였어, 속였어, 내 마음까지 속였어.

▲ 고학헌(孤鶴軒)

▲ 심씨원(沈氏園)

당완이 답하기를 세상도 야박하고 인정도 사나워 시어머니의 시샘에 우리 사랑 다져버리고 헤어져 흘린 눈물은 새벽바람에 다 마르고 내 마음 호소할 길 없어 난간에 기대 우네, 오랜만에 다시 만났지만은 그리웠던 이내 마음 다른 사람에게 들킬까봐 혼자서 눈물 삼킨다네. 아— 나는 나를 속이면서 살고 있는 것인가?

이 애절한 사랑의 별리의 아픔도 어쩔 수 없지 않겠는가.

육유가 68세가 되어 다시 심원을 찾아 가서 먼저 이승을 떠난 당완을 그리면서 가슴속 맺힌 한을 다음의 시로 풀어내었다.

楓葉初丹槲葉黃
河陽愁鬢怯新霜
林亭感舊空回首
泉路憑誰說斷腸
壞壁醉題塵漠漠
斷云幽夢事茫茫
年來妄念消除盡
回向薄龕一炷香

단풍잎은 붉은 물들고 떡갈잎은 누래 지는데
물에 잠긴 해를 보며 시름 속에 흰머리 한 서러워라.
숲속에 정자를 바라보며 지난날 감회를 회상하며
저승에선 누굴 의지 할꼬 애끓는 마음 달래 보나니.
토담 벽에 쓴 빛바랜 글씨는 먼지 쌓여 희미하고
헤아릴 수 없는 정은 꿈속인양 아득 하구려.
요 몇 해 허망한 생각 모두 다 지워 버리고서
향로를 가지고 다시 와서 그 향을 사르다.

육유는 85세의 나이로 천수를 다하고 죽었다. 육유가 75세 때 다시 심원을 찾아 두 수의 시를 남겼다. 사랑하던 아내 당완과 생이별하고 다시 만나 애틋한 마음을 다스렸으나 허망하게 40년이나 먼저 가버린 당완을 그리며 그 마음 변함없이 애절한 사랑의 노래를 부르고 있다. 75세의 나이에도 무엇이 저리 사람의 심금을 울리는 글을 쓸 수 있는 감성을 살아있게 한 것일까?

사랑은 무디어지고 메말라 가는 감정의 옹달샘도 다시 솟아나게 하는 신비의 힘이 있는 것 같다. 그러기에 사람들은 나무들이 서로 붙어 있는 모습만 보아도 연리지라 하며 애틋한 스토리텔링을 만들어 사람의 감성을 사로잡는 것이 아닌가?

여러 가지 사랑이야기 중에서도 가장 심금을 울리는 것은 이루어지지 않은 첫사랑일 것이다. 육유와 당완도 꽃샘추위 같은 시어미의 시샘에 의해 강제로 헤어지지 않고 평범하게 서로 사랑하며 살았더라면 저런 가슴 저린「채두봉」과 같은 명시가 탄생되지 않았으리라.

요즘의 일회용 같은 사랑에 비해 평생을 서로 그리워하여 시공간을 초월한 육유와 당완의 진실된 사랑이야기는 가히 오늘날에도 사람의 마음을 움직이기에 부족함이 없는 것 같다.

천년의 세월이 흘러간 지금의 심원에 육유와 당완의 마음이 그대로 남아있는 것 같은 착각을 가지게 하는 것은 육유의 시「채두봉」이 시간과 공간을 넘나들며 지금도 그 애틋한 마음이 이어지고 있기 때문일 것이다.

錯 錯 錯! 틀렸어, 틀렸어, 틀려 버렸어.

瞞 瞞 瞞! 속였어, 속였어, 내 마음까지 속였어.

연잎이 가득한 연못과 수양버드나무 가지가 아름답게 늘어져있는 심원에 두 사람의 사랑 노래 소리가 들리는 것만 같다.

사마천 사당을 가다

 이번 가을에 사마천의 고향인 섬서성(陝西省) 한성(韓城)을 다녀왔다. 11월 5일 부산에서 출발하여 서안의 국제공항인 함양(현재 서안국제공항)으로 들어갔다. 온 천지를 가득 메운 것 같은 스모그가 체류기간 내내 숨 쉬는 것조차 힘들게 했다. 환경 보존에 대한 시선을 돌리지 못하고 경제 발전을 이뤄나가는 중국의 속사정이 7~80년대 우리의 자화상을 보는 듯 했다.

 최근의 중국은 경제 발전에 힘입어 대대적으로 문화사업을 펼치고 있는 것 같다. 사마천 사당도 한성의 문화사업구로 개발하고 있었다. 모든 토지가 국유이니 공산당에서 승인만하면 아무 곳이나 쉽게 개발할 수 있다고 한다.
 사마천(B.C. 145~B.C. 86)은 누구시던가. 전한(前漢) 시대의 역사가로 좌풍익(左馮翊) 하양에서 태어났다. 아버지 사마담(司馬談)이 천문 역법과 도서를 관장하는 태사령이 되어 장안으로 옮길 때마다 따라 나녔다. 그는 스스로 출생지를 하양이라하지 않고 용문이라고 하였다. 용문은 우임금이 황하의 치수사업을 한 곳이다. 전

◀ 언덕 위에 있는 사마천 사당과
사당 안에 있는 사마천 초상

설에 의하면 우임금이 도끼로 양쪽 산을 쪼개어 갈라 황하의 물줄기를 튼 곳이라고 한다. 용문을 통해 내려가는 이곳은 물살이 세어 고기들이 용문을 넘어 올라가게 되면 신용(神龍)이 된다는 곳으로 과거 급제한 것을 등용문(登龍門)이라고 하는 말도 이곳에서 유래되었다고 한다.

　무왕은 자기 능을 괴리현 무향에 지으면서 이름을 무릉(茂陵)으로 바꾸고 많은 사람들을 이주시켰는데 사마천도 태사령인 아버지를 따라 이곳에서 거주하게 되면서 고문(古文)을 익혔다. 20세에 낭

중이 되어 무제를 수행하여 강남, 산동, 하남 등지를 사신으로 다니면서 여행하였는데 젊어서 이러한 경험이 『사기』를 지을 때 많은 영감을 받았다고 한

▲ 사마천 묘지

다. 원봉(元封) 원년(B.C. 110)에 아버지가 죽었다. 진시황제 이후 처음으로 무왕이 태산에서 올리는 봉선제에 태사령인 사마담은 당연히 참석해야 함에도 불구하고 같이하지 못함에 화병으로 죽게 되었다.

사마천의 나이 36세에 아버지의 임종을 맞이하게 되었다. 아버지는 사마천에게 공자가 『춘추』를 지은 이래 아직 역사서가 없으니 태사령이 되어 천고에 길이 남을 역사책을 쓰라는 유언을 남겼다. 사마천은 38세 나이로 태사령이 되면서 황실 도서에서 자료 수집을 시작하여 『태사공서』를 편찬할 준비를 하였다. 태초(太初) 원년(B.C. 104) 역법의 개혁에 참여하였고, 당도(唐都), 낙하굉(落下閎) 등과 함께 「태초력(太初曆)」을 수정하였다. 사마천은 저술에 몰두하던 중 흉노의 포위 속에 부득이 투항하지 않을 수 없었던 이릉(李陵) 장군을 변호하다가 황제의 노여움을 사서 사형선고를 받았다. 그 당시 사형을 면하는 방법은 많은 속죄금을 내거나, 그러한 돈이 없으면 궁형(宮刑)을 받는 수밖에 없었다. 궁형이란 남자의 성기를 제거하는 형벌로 대부분의 사람들은 궁형을 받아 목숨을 부지하느니 차라리 죽음을 택하였으나 사마천은 49세의 나이로 가장 치

욕스런 궁형을 스스로 자청하여 목숨을 부지하였다. 이것은 역사서를 남기라는 아버지의 유언을 이루기 위해서였다. 그는 출옥한 뒤 중서령(中書令)에 올라 더욱 발분하여 정화(征和) 3년(B.C. 90) 『사기』를 완성하였다.

이렇듯 사마천의 일생도 우여곡절이 많았다. 그러나 치욕적인 궁형을 당하면서도 목숨을 부지하여 아버지의 유언이었던 역사서『사기』를 저술하였다. 이런 사마천의 일생을 더듬어 보면서 사마천 사당을 찾아 갔다.

산 위에 있는 사마천 사당 아래 평지에는 대규모의 광장이 조성되어 있었다. 폭이 백여 미터에 이르고 안쪽 사마천 동상이 있는 곳까지 거의 5~600m에 달하는 넓은 광장 양쪽은 높이가 4~5m는 족히 넘음직한 화강암으로 만든 조각상들로 가득 채워졌다. 사마천의 『사기』에 나오는 이야기를 조각품으로 만들어 세워 놓은 것이다. 오제, 항우와 유방, 와신상담(臥薪嘗膽)의 주인공 부차와 구천 등의 석상이 양쪽 공간을 꽉 메우고 있다. 광장 맨 안쪽 좌대 위에 높다랗게 서 있는 사마천의 동상은 그 높이가 12m로 『사기』「본기」12권에 맞추었으며 그 무게는 동 52만냥을 사용했는데 사마천이 지은 『사기』의 글자수인 52만 6,500자에 맞추어 제작했다고 한다. 아래쪽에서는 그 얼굴 모습이 정확하게 보이지는 않지만 지금부터 2,100여 년 전 그때 한성 사람들의 이미지로 지혜롭고 여윈 모습을 모티브로 잡아 동상을 제작했다고 한다.

사마천 사당은 동산 뒤의 낮은 언덕 같은 산꼭대기에 자리잡고 있다. 옆길로 돌아 계단을 따라 2~300m 올라가면 사당으로 들어가게 되어 있다. 이어진 계단을 오르면 첫 문이 나오는데 이 문 위에

사당에서 내려다본 사마천 광장 ▲

는 '한태사사마사(漢太史司馬祠)'라는 현판이 걸려 있고 다시 대여섯 계단 올라가면 그 안쪽 문에는 '한태사사마천사묘(漢太史司馬遷祠墓)'라 쓰인 현판이 붙어 있다. 이 문을 통과하여 검은 벽돌을 깔아놓은 비탈진 길을 따라 올라가면 '사필소세(史筆昭世)'라는 현판이 붙은 문을 지나고 다시 20여 계단을 오르면 벽돌로 만든 꽤 무게 있게 조성된 문에 '하산지양(河山之陽)'이 그 안쪽에는 '태사사(太司祠)' 현판이 걸려 있다.

사마천(司馬遷)의 『사기』를 평가하여 '사필소세(史筆昭世)'라고 한다. 역사의 기술이 세상을 밝힌다는 뜻이다.

사당 뜰에는 수령이 수백 년이라는 표찰을 단 측백나무 거목이 당당하게 서 있다. 사당 주위에 '고산앙지(高山仰止)'란 현판도 있었다. '고산앙지(高山仰止) 경행행지(景行行止)'는 『시경』「소아」에 나

213

▲ 광장 왼쪽 가장 앞에 서 있는 오제

온 말인데 『사기』를 저술할 때 사마천이 공자에게 보낸 찬사, 즉 '높은 산을 우러러 보고 큰길을 따라 나간다'는 뜻을 나타낸다.

사당 뒤편에는 사마천의 묘소가 있다. 서진(西晉) 시대인 무왕 294년에 한양태수 은제(殷濟)가 조성한 것이라고 한다. 그 후 원나라 쿠빌라이 칸의 명령으로 몽고식으로 다시 만들어졌으며 이 묘는 옛날 속담 '사사여사생(事死如事生)'의 의미를 가지고 있다고 한다. 이는 궁형(宮刑)을 받고 살아남아 『사기』를 지은 사마천의 일생을 이른 말이다.

묘지 높이 3.08m, 둘레 8m, 미래를 약속한다는 의미를 가진 측백나무 다섯 그루가 묘지 위에 자라고 있다. 이 묘소는 8괘로 묘지와 꽃나무들이 도안되어 있다. 8괘란 사마천이 말한 "사람과 함께 한 하늘, 그리고 변화하는 시간의 극적인 조화"를 뜻한다. 봉분 위에서 자라고 있는 측백나무 때문에 묘의 벽이 심하게 균열이 되고 있어 묘 아래 부분을 굵은 철사로 감아 보호하고 있으나 위태로워 보였다.

이곳의 강우량이 연간 400mm 정도라고 하는데 1,700여 년을 이렇게 꿋꿋하게 자라고 있는 측백나무가 신기하기만 하다. 그러고 보니 북경에 있는 명나라 왕릉에도 큰 측백나무가 자라고 있는 것을 보았는데 중국의 묘소에는 측백나무를 심는 것이 일반 관행이라고 한다. 내려오는 계단 양쪽에도 어린 측백나무가 심어져 빽빽이 자리 잡고 있다. 이들도 세월이 가면 나이 든 측백나무의 뒤를 이어갈 것이다.

사마천이 일생동안 피땀 흘려 쓴 저작은 『춘추』를 이어받고 하늘과 사람의 관계를 연구하고 고금의 변화를 관찰하여 일가의 학술을 이룬 『태사공서(太史公書)』, 즉 『사기(史記)』이다. 『사기』의 기록은 전설상의 오제의 한 사람이이었다는 요(B.C. 2200)에서 시작되어 한 무제 태초(B.C. 104~B.C. 101) 연간에서 끝나는데, 통틀어 3,000년 동안 발전한 한족의 역사를 담고 있다. 그 전체 12본기(本紀), 10표(表), 8서(書), 30세가(世家), 70열전(列傳)으로 모두 130편이며 글자 수는 52만 6,500자에 이른다.

사마천은 두 아들과 딸 하나를 두었는데 딸은 대사농 양창(楊敞)에게 시집을 가 외손자 운(惲)을 두었다. 사마천은 『사기』 두 질을 만들어 정본 한 질은 깊은 산속에 숨기고, 한 질은 딸에게 주어 세상에 널리 알려 많은 사람들이 읽었으면 좋겠다고 했는데 『사기』를 세상에 빛을 보게 만든 것이 외손자 양운(楊惲)이다.

사마천에 대한 기록은 『사기』에 직접 쓴 「태사공자서」와 소경(少卿)인 임안(任安)에게 준 답장인 「보임소경서(報任少卿書)」, 그리고 부(賦) 8편을 남겼는데 지금 전하여지는 것은 「비사불우부(悲士不遇賦)」 한 편 뿐이다. B.C. 93년 겨울에 쓴 이 편지글은 사마천이 자신이 치욕스런 궁형을 감수해가며 왜 살고 있는지, 그리고 『사기』가 완성되면 명산에 보관했다가 내 뜻을 알아줄 사람에게 전하여 큰 마을과 도시로 퍼져 나간다면 전에 당한 굴욕에 대해 보상을 받을 수 있을 것이라고 적고 있다. "비록 만 번이나 주륙을 당한다 해도 어찌 후회가 있겠습니까? 또한 사람의 죽음 가운데는 아홉 마리 소에서 털 하나를 뽑는 것같이 가벼운 죽음이 있는가하면 태산보다도 훨씬 무거운 죽음이 있습니다"라고 쓰고 있다.

이와 같이 사마천의 『사기』라는 역사서는 개인에 의해 이룩한 위대한 저서이다. 아버지와 같이 황제의 제사를 관장하는 태사령의 벼슬을 하였으나 『사기』를 저작할 때 황실에 수집된 자료뿐만 아니고 사마천 스스로 수집한 구전에 의한 자료로 작성한 개인적인 기술이라는 점이다. 일부 학자들 사이에 『사기』의 상당 부분은 아버지의 작품일지도 모른다는 설도 나오고 있다고 한다. 그러나 『사기』가 나오게 된 것은 무엇보다 『춘추』를 이을 사마천의 역사의식과 사그러지지 않는 역사서 저작에 대한 그의 신념이 있었기 때문에 가능하였다.

『사마천평전』을 지어 유명해진 지전화이(季鎭准) 교수는 『사기』를 읽고 난 다음 느낌을 "첫째 사마천이 전국시대와 진한사(秦漢史), 즉 그 시대의 근대사(近代史)와 당대사(當代史)에 대한 실록정신과 실천을 중시했다는 것, 다음은 끝까지 자신의 저술 이상을 굽히지 않고 견지했다는 것, 셋째 역사학과 문학을 교묘하게 결합하여 기전체(紀傳體) 사학과 전기문학을 새롭게 만들어 냈다"는 것이라고 평하였다.

중국 사람들의 사마천에 대한 평가는 대단하다. 이곳 곳곳에 달아놓은 현판이 말해주듯이 역사가로, 문장가로, 그리고 사상가로 최대의 예우를 하고 있었다.

사마천의 사당에 올라왔던 계단에 서서 아래를 내려다보니 새로 만든 사마천동상이 있는 광장과 왼편으로는 황하에 놓인 길고 높은 고속도로 다리가 한눈에 들어온다. 그 기세가 크고 웅장하여 세계를 향해 용트림을 하고 있는 중국의 힘을 보는 것 같았다. 오래전 사마천이 남긴 정신이 오늘을 살고 있는 중국인들의 마음속에 녹아있는 것이 아닌가 생각하면서 나와 우리를 되돌아본다.

우리의 역사의 현실은 어떠한가? 우리나라 모든 역사의 기본은 김부식이 지은 『삼국사기』에 근원을 두고 그 외 다른 역사물들은 개인이 썼다는 이유만으로 중고등학교 학생들이 배우는 교과서에서 철저하게 배제되고 있다. 일연의 『삼국유사』에 나오는 단군조선의 고대사는 전설로 치부되고 있으며 김수로왕 허황후 때에 역사기록도 인정되고 있지 않는 실정이다. 중국의 당나라 이전의 사서는 대부분이 개인의 저작임에도 불구하고 중국 역사의 근간을 이루고 있는데 우리의 역사관이 너무 좁아서 그런가? 안타깝기만 하다. 잘못 기록된 역사를 바로 잡아 후대에 남겨줄 의무가 오늘을 살고 있는 우리들의 몫이 아닌가 생각하면서 사마천의 사당의 계단을 내려왔다.

양주 유적지를 찾아서

중국의 항주(杭州)·소주(蘇州)는 일찍부터 잘 알려진 관광지로 우리나라 사람들이 많이 다녀온 곳이지만 그곳에서 조금 떨어져 있는 양주(揚州)는 별로 찾지 않는 곳이다. 나 역시 처음 와 보는 곳이어서 호기심과 기대감이 높았다.

대명사(大明寺)는 처음으로 남조(南朝) 송효무제(宋孝武帝) 대명 연간(457~464)에 세워졌기 때문에 이름을 그렇게 얻었으며, 1,500여 년 동안 여러 차례 이름이 바뀌었다. 수나라 때는 '처영사(棲靈寺)', '서사(西寺)'로 불리다가 당나라 말기에는 '칭평(秤平)'으로, 그리고 청대에는 '대명(大明)'이라는 두 글자를 피해 잠시나마 '처영사(棲靈寺)'로 불렸다. 다시 건륭(乾隆) 30년 황제의 친필로 '칙제법정사(敕題法淨寺)'의 편액을 내렸으며 1980년 마침내 대명사란 원래 이름을 회복하였다. 그리고 2002년 국가4A급 경구(景區)로 지정되었다.

대명사에서 우리가 둘러볼 유적지로는 이백이 시를 남긴 「棲靈塔」과 송대에 구양수(歐陽脩)의 흔적이 묻어있는 평산당(平山堂), 그리고 최초로 일본에 율종을 전파한 당나라 감진법사(鑒眞法師,

688~763)를 모셔둔 감진기념관 등이다.

대명사 입구에 '회동제일관(淮東第一觀)'이라는 큰 글씨가 돌에 새겨져 있는데, 회수(淮水) 이남의 가장 아름다운 사찰이라는 뜻이라고 한다. 평산당으로 향하는 길목에 건륭비정(乾隆碑亭)이 자리 잡고 있기에 잠시 발길을 멈추고 청대 건륭 황제가 친필로 '칙제법정사'라는 편액을 내린 사연을 들을 수 있었다.

평산당은 대전(大殿)의 서편에 위치하고 '선인구관(仙人舊館)'이라는 편액이 걸려있으며, 구양사(歐陽祠), 또는 육일사(六一祠)라고도 부른다. 북송 경력 8년(1048) 당시 양주 태수를 지낸 구양수의 덕정(德政)에 대한 감사의 마음으로 양주 사람들이 이 집을 지었다고 한다. 평산당의 북쪽 처마 아래에 걸려있는 편액인 "遠山來與此堂平(먼 산이 눈에 들어오니 이 집과 가지런하다)"이라는 내용이 곧 평산당이라는 이름이 붙게 된 연유가 된다.

또한 평산당 앞에 "과강도산도차당하(過江諸山到此堂下) 태수지연여중빈환(太守之宴與眾賓歡)"이란 대련(對聯)이 걸려 있다. "강을 건너 여러 산들이 이 평산당 아래에 이르면 태수는 연회에서 뭇 빈객들과 즐거워하네."라는 뜻으로 보아 당시 구양수의 기품 있는 풍모를 짐작할 수 있다.

구양수(1007~1072)는 만년에 육일거사(六一居士)라고 자호하였다. 구양수는 "우리 집에 만 권의 책이 있고, 삼대가 모아 놓은 천 권의 금석문이 있으며, 거문고 하나에 바둑판 하나 그리고 술이 한 단지 있음에, 이들 가운데 한 노인이 같이 살고 있으니 그것이 여섯 가운데 하나라고 할 수 있지 않는가?"라고 할 정도로 풍류가 도저한 인물이었다. 그는 북송 문단의 영수 역할을 하며 시와 산문 방면에도 탁월한 성과를 보였지만 사(詞)로도 유명하였으니, 특히 서호의 아름다운 풍경을 읊은 「채상자(采桑子)」 11수는 그 양식이 표준화되어 사의 대중화에 큰 공헌을 하였다. 평산당에도 이곳과 관련된 유명한 구양수의 「조중조·평산당(朝中措·平山堂)」이 전해진다.

  平山闌檻倚晴空
  山色有無中
  手種堂前垂柳
  別來幾度春風?
  文章太守
  揮毫萬字
  一飮千鍾
  行樂直須年少
  尊前看取衰翁

  평산당 난간이 맑은 하늘가에 닿으니
  산색이 있는 듯 없는 듯 하네.
  평산당 앞에 심은 버들 드리워지니
  이별 후 봄바람 몇 번이나 불었던가?
  문장으로 자부하는 태수인 나는
  붓 휘두르면 만 자를 쓰고
  한 번 마시면 천 잔을 들었지.
  노는 것도 젊어야 할 수 있으니
  그대여 술잔 앞에 이 쇠잔한 늙은이를 보시게.

평산당 옆에는 곡림당(谷林堂)이 자리잡고 있다. 이곳은 후에 소식(蘇軾)이 양주 태수로 있을 때 늘 찾아와서 스승 구양수를 조문하고 또 그를 기리기 위해 세운 집이다. 곡림당은 자신의 「谷林堂詩」 중 "심곡하요조(深谷下窈窕 : 깊은 계곡 고요히 내려앉고), 고림합부소(高林合扶疏 : 높은 숲 무성하게 자란 가지에 어울리네.)"에서 각각 한 글자를 따서 명명하였다. '풍류가 완연히 남아 있다'는 의미의 '풍류완재(風流宛在)'이나 가이드의 설명에 의하면 "풍류는 적게 하라고 풍류의 流자에 점이 하나 빠져있고 완재(宛在)의 在자에는 많이 하라고 점이 하나 더 들어있다."고 한다.

또한 평산당의 서편에 고풍스러우면서도 단아한 원림(園林)이 서원(西園)이다. 이 서원의 한 칸에는 '천하제오천(天下第五泉)'이라는 글씨가 큼지막하게 새겨져 있는데, 이와 관련된 이야기는 다음과 같다.

당나라 원화(元和) 9년(814)에 장원급제한 장우신(張又新)은 『전다수기(煎茶水記)』에 "차를 우려내는 물로는 양자강 남쪽의 영수(零水)가 제1이요, 무석 혜산사(無錫 惠山寺)의 석천수가 제2요, 소주 호구사(虎丘寺)의 물이 제3이요, 단양현 관음사(丹陽縣 觀音寺)의 물이 제4요, 양주 대명사의 물이 제5요, 오송강(吳松江)의 물이 제6, 회수(淮水)의 물이 제7이다"라고 하였다.

참고로 『다경(茶經)』을 지은 육우(陸羽, 733~804)는 차를 달이는 물로는 산수를 쓰는 것이 상등품이요, 강물을 쓰는 것이 중등품이며, 우물물을 쓰는 것이 하등품이라고 하였다. 송대 구양수 또한 「大明寺泉水記」에서 "此井爲水之美者也(이곳 우물은 물맛이 빼어나다)"라고 칭송하였지만 우리 일행은 천하 다섯 번 째의 물맛을 맛보지도 못하고 아쉽게 감진기념당(鑒眞紀念堂)으로 발걸음을 옮겨야만 했다.

감진기념당은 대명사 경내에 있는 가장 특색 있는 건축물로 주은래 총리의 지시에 의해 감진법사(鑒眞法師, 688~763) 서거 1,200주년을 기념하기 위해 1963년 중국과 일본 두 나라가 기금을 조성하였고, 10여 년의 세월을 거쳐 1973년에 세워졌다.

▲▶ 감진기념당 입구에 세워진 감진법사상

　감진법사는 당대의 고승으로, 속가의 성은 순우(淳于)이다. 당나라 때 불교 율종(律宗) 남산종(南山宗)의 후계자이며, 일본으로 건너가 일본불교 율종의 개산조사(開山祖師)로 받들어졌다. 경전 번역과 의술에도 조예가 깊었다고 하며, 일본 관광객이면 반드시 찾는 필수 유적지라고 한다.

　서령탑(棲靈塔)으로 향하는 중문의 상단에 전서로 쓴 '서령유지(棲靈遺址)'라는 편액이 눈에 들어온다. 청나라 광서 연간 염운사(鹽運使)를 지낸 요욱(姚煜)이 쓴 글씨로 글자체가 웅장하면서도 아름답다.

　서령탑은 총 9층으로 당나라 건축양식으로 수문제(隋文帝) 때인 601년에 처음으로 지어졌다. 당나라 시인 이백(李白), 고적(高適), 유장경(劉長卿), 유우석(劉禹錫), 백거이(白居易) 등 수많은 시인들이 이 탑에 올라 문학적 영감을 받았다고 한다.

다음은 이백의 「秋日登揚州棲靈塔」 시이다.

寶塔凌蒼蒼
登攀覽四荒
頂高元氣合
標出海雲長
萬象分空界
三天接畫梁
水搖金刹影
日動火珠光
鳥拂瓊簾度
霞連繡栱張
目隨征路斷
心逐去帆揚
露浴梧楸白
霜催橘柚黃
玉毫如可見
於此照迷方
揚州棲靈塔

하늘로 우뚝 솟은 보탑이 있어
그 위로 오르면 세상 끝이 보이네.
보탑의 위쪽에는 우주 기운 모여 있고
꼭대기는 바다나 구름보다 멀리 솟아있네.
온갖 형상은 허공의 세계와 갈리고
하늘은 채색된 지붕에 잇닿아있네.
금빛의 보탑 그림자 물위에 어른거리고
태양의 정기는 불덩어리로 빛나네.
새들은 붉은 옥으로 만든 처마 끝 스치며 날고
저녁놀은 사방으로 드리운 휘장으로 번지네.
눈길은 여로가 끊어진 데까지 따라가고
마음은 떠나는 배 부풀린 돛쫓아가네.

이슬 내린 오동나무와 가래나무는 흰 빛깔 띠고
서리 맞은 밀감은 노랑 빛 더해가네.
부처님의 옥호가 무엇이든 보아내듯
이 미혹의 세계를 밝게 비쳐 주시기를.

서령탑은 당나라 때인 843년에 허물어져 그 자취만 남겨져 있다가 송나라 때인 1004년 가정(可政) 스님이 자금을 모아 7층의 다보탑(多寶塔)으로 지었다. 이 탑은 다시 남송 시기에 허물어졌는데 새로 중건된 계기는 753년 일본으로 불교의 율종을 전파하러 간 감진대사에 연유하니 1980년 그의 동상이 중국으로 돌아온 것을 기념하기 위해서 서령탑을 다시 세우자는 각계 인사의 요청이 있었기 때문이다. 이에 1988년 서상법사(瑞祥法師)가 대명사 동원에 있던 예전의 서령탑 터에 그 기초석을 세웠고 그가 입적하자 다시 수능법사(修能法師)가 중건하는 일을 이어받아 중국 내외에서 기금을 모아 1993년에 비로소 준공되었다.

우리 일행은 신령스러움이 깃든 서령탑을 뒤로 하고 경항운하를 낀 강변을 따라 당성유지박물관(唐城遺址博物館)으로 향하였다. 이 박물관은 수서호 풍경구 북쪽에 위치하며 수나라 양제(煬帝) 시기 강도(江都) 행궁인 '성상전(成象殿)'의 옛 터 위에 세워졌다. 유지(遺址)에 현재까지 남아있는 유적으로는 성벽과 성문 뿐 옛날의 건축물은 하나도 남아있지 않았다. 그럼에도 우리가 다리품을 팔아 기어코 가야만 했던 이유는 바로 우리나라 한문학의 비조인 최치원(崔致遠)의 흔적이 스며있는 최치원사료진열관(崔致遠史料陳列館)을 참관하기 위해서였다.

최치원은 12살에 당나라로 유학을 떠나 18세에 빈공과에 급제하고 양주 등 몇 곳에서 관직을 역임하였다. 신라로 돌아온 후에는 온 힘을 다해 당대의 우수한 문화를 전파하였기에, 사후에 '동국유종(東國儒宗)', '백세지사(百世之師)'로 추앙받고 있다. 2001년 양주시에서 먼저 당성유지박물관 내에 최치원사료진열관을 건립하고 당시 한국사회과학원 이사장이던 김준엽(金俊燁) 선생께 관 이름을 써줄 것을 부탁하였다고 한다.

최치원사료진열관 참관을 마치고 오전 일정의 마지막 코스이자 양주 투어의 백미라 할 수 있는 수서호(瘦西湖)로 향했다. 수서호라는 명칭은 청 건륭 연간 양주에 살았던 왕항(汪沆)이라는 시인이 남긴 「영보장하(咏保障河)」에서 유래되었다고 한다.

  垂柳不斷接殘蕪
  雁齒紅橋儼畫圖
  也是銷金一鍋子
  故應喚作瘦西湖

  드리운 버드나무 끊어지지 않은 채 잔풀에 이어지고
  기러기 이처럼 가지런한 홍교는 그림같이 정연하네.
  이곳의 서호 또한 한 솥 금을 흩었으니
  응당 야윈 서호라고 불러야 하리.

절강성 항주가 고향인 왕항이 양주에 와서 이곳의 서호를 보니 고향 항주의 서호 주변만큼 번화하고 또 이 지역 사람들의 소비성향도 엄청난 상황을 목도하고는 '서호는 서호인데 야윈 수서호(瘦西湖)'라고 시로 표현한 것이다. 청대 강희제와 건륭제가 모두 여섯 차례나 남방순례길에 이곳에 들러 빼어난 풍광에 대해 찬사를 보냈다. 수서호가 양주에서는 유일하게 중국 국가급 풍경명승구이자 국가 5A여유경구(旅遊景區)인 것만 보아도 얼마나 아름다운 곳인지 미

▲ 수서호 입구

루어 짐작할 수 있으리라.

연화교(蓮華橋)는 양주의 랜드마크로 다리 위에 다섯 정자가 세워져 있다고 하여 일명 오정교(五亭橋)라고도 하는데, 청 건륭 22년(1757)에 북경 북해의 오룡정(五龍亭)과 십칠공교(十七孔橋)를 모방하여 세웠다. 위에 다섯 정자를 세우고 아래에 네 개의 날개를 펼쳐내었는데, 정면에서 보면 다리의 둥근 구멍이 모두 15개로 남방의 수려함과 북방의 웅장함을 동시에 갖춘 다리로 알려져 있다. 중국의 저명한 교량 전문가인 모이승(茅以升) 교수는 "중국에서 가장 오래된 다리는 조주교(趙州橋)이고 가장 장중한 다리는 노구교(盧溝橋)이며 가장 수려하고 예술성이 풍부한 다리는 바로 양주의 오정교이다"라고 평가할 정도로 아름다운 다리이다.

이십사교(二十四橋)는 당나라 시인 두목(杜牧)의 「기양주한탁판관(寄揚州韓綽判官)」작품으로 유명하다. 이 교량은 돛을 내린 듯한 잔도(棧道), 큰 구멍이 뚫린 아치, 그리고 구곡교(九曲橋)와 취소정(吹簫亭)으로 구성되었다. 중간에 옥띠 형상의 다리 길이 24미터,

넓이 2.4미터, 다리 상하 양면에 각각 24개의 계단과 둥근 24개의 옥난간, 그리고 24개의 난간판으로 이루어진 것도 몹시 흥미롭다.

이십사교 못지않게 눈에 들어오는 것은 이십사교 건너편에 이 시를 모택동이 초서로 쓴 글을 돌로 새겨놓은 것이다. 1400년 전 인물인 두목의 시를 70년 전 인물인 모택동의 글씨로 새겨둔 시비 앞에 2017년 초현대를 살고 있는 동방의 한 관광객이 찾아와 이들과 시공을 초월하여 대화를 나누고 있다고 생각하니 무한한 희열의 경지를 느끼는 것만 같다.

두목의 「寄揚州韓綽判官」을 읊어본다.

青山隱隱水迢迢
秋盡江南草未凋
二十四橋明月夜
玉人何處教吹簫

청산은 흐릿하고 물 아득한데
늦가을 강남땅에 풀 아직 시들지 않았겠지요.

모택동이 직접 쓴 두목의 「寄揚州韓綽判」 시비 ▲

▲ 저 멀리 차분하게 자리잡은 이십사교가 보인다

이십사교 달 밝은 이 밤에
그대는 어느 곳에서 피리를 가르치고 있는지요?

 희춘대(熙春臺)는 이십사교 풍경구의 주도적 건축물로 이곳은 또한 양주 '24경'의 하나인 춘대명월(春臺明月)의 장소이다. 중국 현대 산문가인 욱달부(郁達夫)는 일찍이 이십사교의 명월이 중국 남방의 4대 추색(秋色)의 하나라고 평한 바 있을 정도로 가을날 휘영청 달 밝은 밤 희춘대의 경색은 가히 장관이라 할만하다. 희춘대 일대의 건축 풍격은 도처에 황실 원림의 웅장한 기상을 체현하고 있으니, 모든 건축물은 녹색의 유리기와와 붉은 색의 기둥으로 이루어져 있다.
 수서호에서의 마지막 코스로 백탑(白塔)에 들렀다. 백탑은 관음사백탑(觀音寺白塔)으로도 불리며, 북경의 북해(北海)에 있는 백탑의 중후함에는 미치지 못하나 비례는 더 안정적이다.

양주팔괴기념관 안에 있는 인물 조각상 ▲

　백탑에 대한 신 교수의 설명을 듣고 수서호를 나와 점심 식사를 위해 근처의 대오주점으로 향했다. 식사와 함께 반주로 신 박사가 전날 저녁에 마신 '해지남(海之藍)'을 한 잔씩 돌려 마시고 기분들이 좋아졌다.

　점심 식사 이후 다시 투어가 시작되었으니, 첫 코스는 양주팔괴기념관(揚州八怪紀念館)이었다. 양주팔괴란 청나라 건륭 연간에 상업 도시로서 위세를 떨쳤던 양주에서 활약했던 여덟 명의 대표적인 화가를 이르는 말이다. 일반적으로 왕사신(汪士愼)·황신(黃愼)·김농(金農)·고상(高翔)·이선(李鱓)·정섭(鄭燮)·이방응(李方膺)·나빙(羅聘)을 가리킨다. 이들의 화풍은 당시 화단에 유행했던 옛 것을 숭상하고 모방하는 '상고모의(尙古模擬)'의 풍격과 약간의 차이가 있었다. 당시 사람들에게 편사(偏師), 괴물(怪物)로 지목되다가 마침내 '팔괴'라는 명칭이 생기게 되었다고 한다. 이들의 공통점은 전통적인 법식에 얽매이지 않고 참신하면서도 파격적으로 진실한 감정을 펼쳐 냈었으며 그림 뿐만 아니라 모두 시에도 능해 서예나 전각으로도 유명하며, 시서화 삼절의 통합을 추구하였다.

양주는 청나라 때 염상(鹽商)들이 소금 판매로 막대한 부를 축적한 곳이다. 이들 염상들은 자신들이 일군 재화로 가난한 화가들을 많이 지원하였기에 '양주팔괴'와 같은 화단(畵壇)이 형성될 수 있었다. 이들 염상들은 예술가들에 대한 지원뿐만 아니라 막대한 돈을 들여 개인 정원도 조성하였다. 그 대표적 개인 정원의 하나인 개원(个園)으로 발길을 돌렸다.

개원은 양주 고성 동북쪽 모퉁이에 위치하며, 중국 4대 이름난 정원 중의 하나로 꼽힐 만큼 아름답다. 도처에 대나무가 심겨져 있어서 개원이라는 이름이 붙게 되었고, 사계절에 걸맞게 가산(假山)을 쌓아 운치를 더하였다. 양회(兩淮) 염업상총(鹽業商總)이었던 황지균(黃至筠)이 청 가경 23년(1818) 명대 '수지원(壽芝園)'의 옛터 위에 조성한 개인 원림이다. 가산을 꾸미기 위해 옮겨온 태호석(太湖石)이 보기 좋았고 태산목과 같은 큰 나무도 감상할 수 있었다.

개원의 가산 중 겨울산을 뒤로 하고 이보다 규모가 약간 작은 왕씨소원(汪氏小苑)으로 향하였다. 소원의 총면적은 3000여 평방미터이고 건물의 면적은 1580여 평방미터로 옛날 방식의 방이 100여 칸 남아있는, 현존 양주 대저택 중 가장 온전하게 보존된 청말 민국 초기의 염상 저택의 하나이다. 좀 답답해 보이기는 하였으나 청말 개인의 생활과 문화의 일면을 엿볼 수 있었다.

겨울인데다 날씨도 흐려 막 어둑어둑해질 무렵 양주 투어의 마지막 코스인 동관가(東關街)를 찾았다. 동관가는 원래 옛 관원들의 주택가였다. 중국 10대 역사 거리 중 하나로 꼽힌다. 동쪽 끝은 고운하(古運河)에까지 이르고 서쪽 끝은 국경로(國慶路)에까지 이르며, 총길이는 1122미터로 거리 양편으로는 각양각색의 점포들이 즐비해 있다. 마치 우리나라 인사동과 유사한 거리이지만 대부분이 찻집이나 음식점으로 이루어졌고 간간히 기념품 가게도 섞여 있었다. 이날 저녁 식사는 마침 이번 일정 중 두 차례 자유식을 해야 하는 첫 날인지라 각자 먹고 싶은 음식을 찾아서 먹으려고 하였으나 그냥 함께 만두로 저녁을 먹기로 하고 수포피(水包皮)라는 만두전문점을 찾았다.

일행은 발마사지를 하고, 아담한 커피집에서 만나 차를 한 잔 나눈 뒤 동관가 동문 앞에 집결하여 한참을 떠들며 놀다가 버스를 타고 숙소로 돌아왔다. 양주에서의 일정을 무사히 마치게 되었다.

소나무 향기 아래
어린 잣나무는 자라고

초판 인쇄 2019년 5월 14일
초판 발행 2019년 5월 18일

지은이 / 박 용 구
펴낸이 / 박 진 환

펴낸 곳 / 만인사
출판등록 / 1996년 4월 20일 제03-01-306호
주소 / 41960 대구광역시 중구 명륜로 116
전화 / (053)422-0550
팩스 / (053)426-9543
전자우편 / maninsa@hanmail.net
홈페이지 / www.maninsa.co.kr

ⓒ 박용구, 2019

ISBN 978-89-6349-133-2 03810

값 15,000원

* 이 책의 내용의 전부나 일부를 사용하려면 반드시 저작권자나 만인사 양측의 동의를 받아야 합니다.
* 이 도서의 국립중앙도서관 출판시도서목록(CIP)은 서지정보유통지원시스템 홈페이지(http://seoji.nl.go.kr)와 국가자료공동목록시스템(http://www.nl.go.kr/kolisnet)에서 이용하실 수 있습니다(CIP제어번호 : CIP2019018480).